101 TRUCS ET CONSEILS

DÉVELOPPER SON POTENTIEL

ROBERT HELLER

MANGO ..ATIQUE

UN LIVRE DE DORLING KINDERSLEY

Première édition en Grande-Bretagne en 1999 par
Dorling Kindersley Limited
9 Henrietta Street, Londres

Dépôt légal : septembre 2000
Traduction : Laurence Nicolaieff
Adaptation : Dominique Montembault
Composition, mise en pages : Studio Michel Pluvinage
Imprimé à Hong Kong

ISBN 2 84270 213 1

MANGO *PRATIQUE*

SOMMAIRE

DÉVELOPPER SON POTENTIEL

AMÉLIORER SES COMPÉTENCES

Gagner en efficacité

Accéder à la réussite

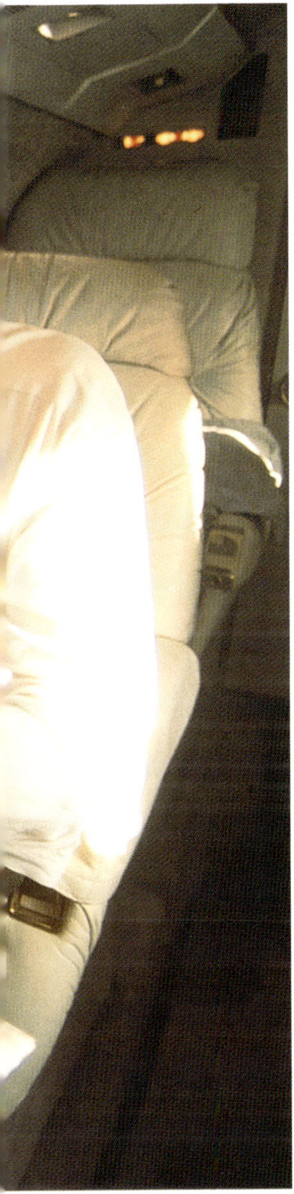

INTRODUCTION

Une compétition féroce règne dans le monde travail. Certaines compétences comme l'aptitude à diriger, à promouvoir l'esprit d'équipe et à déléguer jouent un rôle considérable et d'autres, telles que la faculté d'analyse, l'habileté à gérer le temps, la confiance en soi, l'ambition et le dynamisme, sont essentielles pour prétendre à l'excellence. Trouver le juste équilibre entre ces différents éléments fait toute la différence entre le manager compétent et le manager exceptionnel. Développer son potentiel *vous propose d'explorer les diverses composantes de la réussite. L'exposé pratique est complété par 101 conseils indispensables et par un test d'autoévaluation de vos forces et de vos points faibles qui vous aidera à accroître votre niveau de performance et à parvenir à l'excellence.*

DÉVELOPPER SON POTENTIEL

Pour atteindre l'excellence, vous devez exploiter au maximum vos propres potentialités. Apprenez à utiliser vos points forts et à développer les qualités qui vous permettront d'augmenter votre performance.

SE DONNER DES ATOUTS DÉCISIFS

De multiples talents peuvent mener au succès mais la réussite ne repose pas sur le seul talent. Elle requiert aussi le développement de qualités personnelles fondamentales comme la détermination, le dynamisme et la confiance en soi.

1 Déterminez vos points faibles afin de les corriger.

2 Ne cherchez pas à obtenir ce qui se situe au-delà de vos possibilités.

3 Acceptez la critique et efforcez-vous de rectifier vos erreurs.

S'ÉVALUER SOI-MÊME

Vous connaissez vos points forts et devez vous attacher à les développer rapidement. Mais vos qualités naturelles ne peuvent, seules, vous permettre d'accéder à l'excellence. Il vous faudra pour cela exploiter d'autres atouts indispensables. Le manque de confiance en soi, par exemple, constitue une véritable entrave à la progression d'une carrière de manager. Si vous possédez une faible estime de vous-même ou si vous manquez de courage pour affirmer vos convictions, vous devez lutter d'arrache-pied pour accroître votre confiance en vous. Commencez par l'analyse objective de vos capacités et tentez de corriger vos faiblesses.

ÉVALUEZ VOS PRINCIPAUX ATOUTS

ATOUTS	COMMENT VOUS ÉVALUER
AMBITION	Avez-vous consigné par écrit vos objectifs ? Les avez-vous planifiés ?
VISION	Votre trajectoire et vos objectifs professionnels sont-ils clairs ?
CONFIANCE EN SOI	Vous sentez-vous capable d'effectuer ce que l'on vous demande et d'assurer des tâches nouvelles ?
SAVOIR ASSUMER LE RISQUE	Savez-vous estimer les risques à prendre et les assumer ?
DYNAMISME ET ÉNERGIE	Pouvez-vous vous consacrer à un problème donné, décider de l'action à engager et la mener à bien ?
ESPRIT DE COMPÉTITION	Êtes-vous insatisfait tant que vous n'êtes pas officiellement déclaré vainqueur sur vos concurrents ?
APTITUDE À L'AUTOCRITIQUE	Êtes-vous un ultraperfectionniste, cherchant vos limites et à faire progresser les autres ?
LEADERSHIP	Savez-vous mobiliser vos collaborateurs, et encouragez-vous l'émergence de nouveaux leaders ?

SOLLICITER L'AVIS D'AUTRUI

Si vous ne parvenez pas à apprécier avec exactitude votre degré de performance, sollicitez un avis. Le regard porté par un tiers sur votre travail vous permettra d'avoir une vision précise des efforts qu'il vous reste à faire.

SOLLICITER L'AVIS D'UN TIERS

Cherchez à déterminer avec l'aide d'un mentor, d'un collègue ou d'un ami si vous avez exagéré vos possibilités ou sous-estimé vos faiblesses.

Un collègue digne de fiabilité juge objectivement votre performance.

SE FORGER UNE VISION

Lorsque vous vous serez évalué et lorsque vous aurez défini vos limites, vous devrez ensuite clairement déterminer des objectifs ambitieux, certes, mais réalistes. Les hommes et les femmes qui ont laissé leur nom dans l'histoire possédaient tous une vision claire de leur mission. Ils savaient parfaitement où ils allaient, ce qu'ils voulaient et suivaient la ligne de conduite qu'ils s'étaient fixée pour arriver au but. Vous aussi, vous pouvez mobiliser la même énergie. Interrogez-vous pour savoir quel poste vous visez dans les dix ans. Puis comparez cet objectif à votre situation actuelle. Vous découvrirez ainsi le chemin qu'il vous reste à parcourir. L'étape suivante consistant à mettre tout en œuvre pour y arriver.

◀ **RÉALISER SA VISION**
Fragmentez votre mission en autant d'étapes concrètes que vous franchirez successivement pour atteindre votre but. Gardez toujours votre vision et votre mission en ligne de mire, en les révisant le cas échéant et en orientant votre action vers les objectifs fixés.

IDENTIFIER SA MISSION

Il s'agit maintenant de rédiger un plan détaillé et rigoureux des actions à entreprendre en vue de mener à bien votre dessein. Établissez un calendrier et traduisez votre plan en chiffres et en données réalistes. Si vous souhaitez, par exemple, occuper une position de manager, votre mission consistera à acquérir en un an les connaissances nécessaires. La deuxième année, vous intégrerez une équipe et rassemblerez une expérience globale. Enfin, la troisième année, vous solliciterez un poste de manager dans votre entreprise ou à l'extérieur.

4 Privilégiez les ambitions à long terme. Vous aurez ainsi plus de possibilités pour progresser.

PROGRESSER

Empruntez aux Japonais leurs techniques du kaizen (amélioration continue) et du kaikaku (changement radical). Elles vous aideront à progresser. Le principe du kaizen suppose de rechercher sans cesse le moyen d'améliorer tous les éléments constitutifs de la performance. Celui du kaikaku est appliqué moins souvent. Transposé à votre cas personnel, il peut s'agir, par exemple, de créer votre propre entreprise, de postuler pour un poste. Ne négligez pas les opportunités de changement radical et sachez les utiliser.

5 Recherchez des responsabilités le plus tôt possible.

6 Fixez-vous des objectifs de progression personnelle et professionnelle.

7 Ayez le courage de tirer les leçons de vos échecs et de les exploiter.

REGARDER VERS L'AVANT

Mieux vaut se concentrer sur les objectifs à venir et sur les occasions qui se dessinent que sur celles manquées. Ne regrettez pas le passé, cherchez plutôt à savoir pourquoi vous avez négligé ou rejeté les chances qui se présentaient. Si, par exemple, vous vous rendez compte que vous avez hésité à prendre des risques, prenez confiance en vous, pour pouvoir réagir la prochaine fois.

UNE VISION DIFFÉRENTE À CHAQUE ÉTAPE DE CARRIÈRE

DIRIGEANT
Votre projet personnel et votre vision concernant l'avenir de l'entreprise sont en adéquation. Vous envisagez le chemin que l'entreprise doit accomplir pour atteindre ses objectifs et le rôle clé que vous jouerez, peut-être comme leader, dans ce parcours.

DIRECTEUR D'UNITÉ
Réaliste et ambitieux, vous considérez votre poste actuel comme un tremplin qui vous permettra d'accéder à la position que vous visez.

CADRE CONFIRMÉ
Vous supervisez une équipe, développez les capacités de ses membres et acquérez l'expérience qui vous manque pour gravir les échelons.

DÉBUTANT
Votre vision personnelle vous pousse à acquérir les connaissances, l'expérience et les compétences qui vous permettront de progresser vite.

Développer la Confiance en Soi

La confiance en soi et en ses propres compétences constitue un atout capital. Vous pouvez la développer par l'expérience et l'entraînement, tout comme vous pouvez apprendre à utiliser l'assurance acquise pour « vous vendre » et impressionner les autres.

8 Espérez toujours surpasser les autres dans toutes les tâches que vous entreprenez.

Solliciter un Avis

Manager

INTERROGEZ VOTRE SUPÉRIEUR HIÉRARCHIQUE
Comment jugez vous mon travail ? Suis-je justiciable d'une promotion ?

Collègue

INTERROGEZ VOS PAIRS
Est-ce que je vous aide à accomplir votre travail ? Suis-je un membre efficace de l'équipe ?

Employé

INTERROGEZ VOS SUBORDONNÉS
Est-ce que je vous apporte la motivation nécessaire ? Dois-je modifier ma façon d'agir ?

Donner le Meilleur de Soi-Même

Vous pouvez renforcer votre confiance en vous en insistant sur ce que vous savez faire. N'ayez pas de complexe d'infériorité par rapport aux autres et ne partez pas du principe qu'ils vous jugent de manière défavorable. Si vous ne vous sentez pas à la hauteur dans un domaine précis, donnez-vous la peine de progresser. Soyez fier de vos réalisations et abordez votre travail comme un sportif professionnel : entraînez-vous à renforcer vos points forts et à éliminer vos faiblesses, en fonction de vos possibilités et de ce que les autres attendent de vous.

Demander Conseil

Votre entourage ne cesse d'observer et de critiquer le pourquoi et le comment de vos actes. Il ne faut pas se sentir déstabilisé par ce type de comportement mais plutôt en profiter pour affirmer sa personnalité. Ne craignez pas de solliciter l'opinion des clients, de votre employeur, de vos supérieurs, de vos collègues et des fournisseurs. Et tirez-en les conséquences. Il ne s'agit pas pour autant de quêter l'approbation des autres, mais d'utiliser leurs conseils avisés afin d'améliorer vos performances et de gagner l'estime de vous-même. Acceptez donc pleinement la critique, dans la mesure où celle-ci n'entame pas votre assurance.

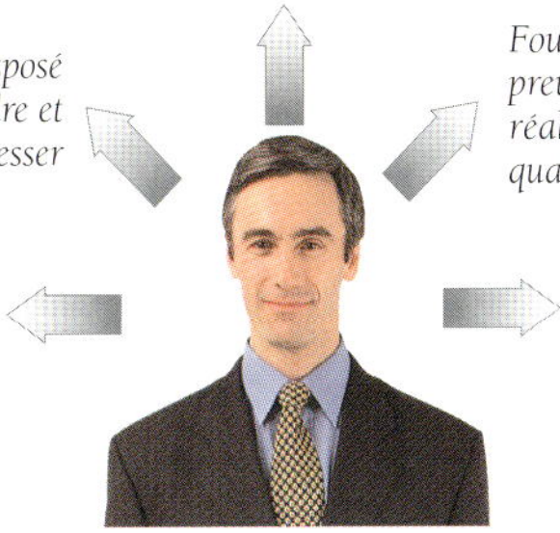

▲ **ADOPTER UN AIR DE CONFIANCE**

Lorsque vous participez à des entretiens ou lorsque vous êtes évalué pour votre travail, ceux qui vous jugent attendent que vous leur montriez que vous avez confiance en vous. Croyez en vos capacités et les autres y croiront aussi.

COMMENT SE COMPORTER LORS D'UN ENTRETIEN

Lors d'entretiens, vous voulez donner l'impression que vous êtes sûr de vous. Que vous receviez un candidat ou que vous postuliez vous-même à un poste, soignez votre présentation. Dans la mesure du possible, préparez l'entretien comme s'il s'agissait de tenir un discours. Consultez les informations dont vous disposez et parcourez la liste des questions à poser, en répétant au besoin celles d'intérêt primordial. Efforcez- vous de clore l'entretien par un résumé récapitulatif.

DONNER UNE IMPRESSION FAVORABLE ▶

Il est plus facile de paraître assuré lorsque l'on a réellement confiance en soi. Ce doit être le cas si vous maîtrisez bien votre sujet. Toutefois, le trac peut être parfois stimulant.

11 Imaginez l'entretien tel que vous le souhaitez puis comparez ensuite avec la manière dont il se déroule dans la réalité.

9 Donnez des réponses claires et précises.

10 Accordez-vous un satisfecit lorsque vous le méritez.

MAÎTRISER LA PRISE DE RISQUES

On n'obtient pas de gains significatifs sans prendre de risques. La confiance en soi, le courage et l'esprit d'analyse sont indispensables, et les individus capables de réfléchir, d'agir, de décider en véritables entrepreneurs, ont un avenir en or.

12 Misez sur vous-même. Tout ce que vous risquez, c'est de commettre une erreur de jugement.

13 Ne laissez jamais passer une occasion mais réfléchissez deux fois avant d'agir.

FAIRE PREUVE DE COURAGE

Avoir l'esprit d'entreprise, cela veut dire croire en soi et être suffisamment courageux pour prendre le risque de se tromper. Lorsque vous êtes confronté au risque, envisagez celui-ci à la manière d'un entrepreneur digne de ce nom : calculez s'il en vaut la peine et, dans l'affirmative, tentez-le résolument et volontairement. Rien ne vous empêche de demander conseil au moment où vous évaluez le pour et le contre, mais la décision finale vous appartient.

▲ **ACCEPTER LE REVERS DE LA MÉDAILLE**
Avant de prendre un risque, comme solliciter un poste qui vous oblige à déménager, tenez compte des inconvénients qu'il comporte. Si ces derniers vous semblent insurmontables, examinez toutes les solutions qui limitent le risque.

ADOPTER UNE ATTITUDE POSITIVE

Toute décision, qu'il s'agisse de démarrer une entreprise ou d'accepter un nouveau poste, présente des avantages et des inconvénients. Face au risque, optez pour la meilleure attitude qui soit, en vous concentrant sur les aspects positifs. N'oubliez pas, néanmoins, que chaque médaille a son revers. Même les individus les plus enthousiastes, envisagent inconsciemment le pire. Si le côté négatif vous paraît inacceptable, cherchez le moyen de limiter le risque, en privilégiant une solution infaillible.

CALCULER LE RISQUE

Ne vous laissez pas abuser par cette vieille maxime des financiers selon laquelle « plus le risque est grand, plus le rendement est élevé ». En fait, dans le cas d'un changement de poste, les avantages peuvent l'emporter de très loin sur les inconvénients. Quoi qu'il en soit, avant de vous décider, évaluez le risque en effectuant quelques calculs simples. Rappelez-vous également que refuser la décision équivaut à retarder le risque. Si vous vous confinez dans l'immobilisme, votre carrière, votre progression dans l'entreprise ou vos revenus en pâtiront à terme. En vous dissimulant le risque sous-jacent, vous vous exposez à de lourdes conséquences.

14 Listez le pour et le contre pour tester vos sentiments.

15 Analysez la situation et n'agissez pas avant de disposer de toutes les informations.

▼ ÉVALUER LE RISQUE D'UN CHANGEMENT DE POSTE

Dressez la liste des possibilités d'évolution de chaque poste, et prenez votre décision au vu de l'analyse que vous en tirez.

Dressez la liste de vos critères de satisfaction au travail.

Fixez objectivement votre score.

Facteurs	Importance (sur 10)	Perspectives (sur 10)	Risque (multiplication)
SI JE CHANGE DE POSTE			
Meilleure rémunération	10	10	100
Possibilité de diriger	5	6	30
Travail plus agréable	5	5	25
Meilleur environnement	4	8	32
TOTAL			**187**
SI JE RESTE DANS MON EMPLOI ACTUEL			
Meilleure rémunération	10	5	50
Possibilité de diriger	5	7	35
Travail plus agréable	5	5	25
Meilleur environnement	4	4	16
TOTAL			**126**

DÉVELOPPER SON DYNAMISME

L'énergie physique est essentielle à l'accomplissement d'une tâche, mais c'est de l'énergie psychique que dépend la réussite. Vous pouvez générer du dynamisme en canalisant systématiquement et constamment votre énergie vers un but prédéterminé.

16 Notez vos objectifs par écrit, de manière à mieux les visualiser et à les rendre concrets.

ÊTRE DÉTERMINÉ

Il n'est que trop humain de formuler des idées grandioses qui ne prennent jamais corps. Pourtant, même les plans les plus ambitieux sont susceptibles d'être réalisés. Il ne manque souvent que la volonté pour les rendre viables. Concrétisez vos idées en planifiant votre action ; le fait d'adopter un processus réaliste et précis vous permettra de percevoir des aspects que vous auriez peut être négligés. Abandonnez un projet si son analyse révèle que vous faites fausse route et non simplement par paresse intellectuelle ou par manque de courage.

17 Donnez-vous pour règle de ne jamais renoncer mais de persévérer.

CONCENTRER SON ÉNERGIE MENTALE

Le dynamisme et l'énergie s'apparentent à des qualités physiques. De même que la nature a pourvu l'homme d'une puissance musculaire variable d'un individu à l'autre, elle l'a doté de dispositions psychologiques. Or le mental et le physique sont liés. Tout le monde peut se fixer un but et l'atteindre. En vous concentrant sur votre propre objectif, vous générerez une dynamique qui vous conduira au succès. Vous multiplierez votre énergie en la canalisant.

SE FIXER UN BUT ▶
À chacun de déterminer son objectif personnel. Si vous choisissez de courir plus vite, par exemple, vous vous entraînerez. Même si votre vitesse n'atteint pas celle d'un athlète, vous progresserez et votre performance s'améliorera de manière significative.

PERSÉVÉRER

Dans certains cas, le renoncement constitue la bonne solution. Mais, le plus souvent, il £équivaut à réaliser une prophétie défaitiste. Si, mentalement, vous abandonnez, votre projet finira par sombrer. Beaucoup de gens, doués pour réussir, échouent tout près du but par manque de persévérance. Lorsque la ligne d'arrivée est proche, il est absurde de s'arrêter en cours de route. À l'inverse, il existe des individus sans cesse à la poursuite d'idéaux irréalisables. Avant de déposer les armes, étudiez quelle peut être l'issue du combat. Mais, de toute façon, avant d'abdiquer, livrez une dernière bataille, mobilisez votre dynamisme et votre énergie pour atteindre la victoire ultime.

18 Lorsqu'un objectif est atteint, fixez en un deuxième encore plus élevé.

19 Imitez une personne dynamique et énergique pour développerez ces qualités en vous.

ÉVALUEZ VOTRE QUOTIENT DE DYNAMISME

Lisez les phrases ci-dessous en choisissant celles qui se rapportent le plus à votre cas. Si vous êtes d'accord avec la majorité des affirmations de la colonne de gauche, vous possédez un dynamisme à toute épreuve. Si vous cochez de préférence les propositions situées dans la colonne de droite, vous avez quelques efforts à faire pour développer votre énergie.

- Vous vous sentez jeune.
- Vous êtes stable, calme, friand d'aventure, ouvert aux autres, confiant et sûr de vous.
- Vous éprouvez le besoin de vous réaliser.
- Vous accueillez le changement comme quelque chose de positif.
- Vous possédez le sentiment de votre propre liberté et savez où vous allez.
- Vous aimez prendre des risques calculés.
- Vous passez beaucoup de temps avec vos supérieurs.
- Votre avez réussi votre carrière au-delà de vos espérances.
- Vous n'hésitez pas à déménager.
- Vous êtes rarement malade ou absent.
- Vous êtes insensible au stress et aux tensions.
- Vous ne fumez pas et faites du sport.

- Vous ressentez le poids des années.
- Vous êtes émotif, timide, soucieux et timoré.
- Vous éprouvez peu le besoin de vous affirmer.
- Vous redoutez le changement.
- Vous éprouvez l'impression d'être enfermé, de stagner et de tourner en rond.
- Vous n'aimez pas le risque.
- Vous rencontrez peu vos supérieurs.
- Votre carrière ne correspond pas tout à fait à ce que vous espériez.
- Vous détestez déménager.
- Vous êtes souvent malade et absent.
- Vous vous sentez fréquemment stressé et tendu.
- Vous fumez et vous ne faites pas d'exercice.

DIRIGER AVEC EFFICACITÉ

L'aptitude à diriger les autres est un atout. Devenez un leader en apprenant à guider vos collaborateurs, à accroître leur productivité et à obtenir de meilleurs résultats en faisant appel à leur initiative. Faites émerger de futurs leaders parmi eux.

20 Évitez de charger les autres de tâches que vous-même estimez ingrates.

21 Déléguez autant que possible.

GÉRER UNE ÉQUIPE

Pour inciter ceux qui travaillent avec vous à donner le meilleur d'eux-mêmes, il est essentiel de paraître crédible à leurs yeux. Les salariés sont disposés à travailler d'arrache-pied pour un patron dont la puissance et le discernement leur inspirent du respect. Ils en attendent également de la compétence professionnelle et une capacité à déléguer qui favorise l'autogestion et la participation de tous les membres de l'équipe. Sachez découvrir les points forts et les faiblesses de vos collaborateurs, puis déléguez les responsabilités en fonction des aptitudes de chacun et des besoins de l'entreprise.

ENCOURAGER LA PARTICIPATION ▼
Un leader a pour devoir de motiver ses collaborateurs les plus compétents en les sollicitant. Favorisez l'initiative autant que possible, et encouragez fortement les suggestions et les idées.

L'employée est encouragée à faire preuve d'initiative.

Le collègue n'hésite pas à proposer ses idées.

Le membre de l'équipe se sent concerné et motivé.

Le manager n'intervient pas pendant la réunion.

PROMOUVOIR LA COOPÉRATION

La coopération entre un manager et son équipe requiert un certain engagement de part et d'autre. Si vous désirez instaurer une réelle coopération, vous devez vous défaire d'une parcelle d'autorité au profit de chacun, tout en conservant le contrôle de l'ensemble. Posez les deux questions suivantes : « Mon intervention nuit-elle à la qualité de votre travail ? », « Comment puis-je vous aider à devenir plus performant ? » Si vous organisez la coopération à partir des réponses obtenues, vous augmenterez les résultats de votre équipe. Sinon vous obtiendrez l'effet inverse.

22 Recherchez les preuves de votre efficacité auprès de vos collègues.

23 Rappelez-vous toujours que les employés ne seront efficaces que si le leader est compétent.

QUESTIONS À SE POSER

Q Est-ce que j'accorde aux autres l'occasion de s'exprimer ?

Q Suis-je loyal envers mon équipe lorsque je la représente ?

Q Est-ce que je me tiens à l'écart des dissensions dans l'équipe ?

Q Est-ce que je mets tout en œuvre pour créer une atmosphère conviviale qui incite au débat d'idées ?

FAVORISER L'ÉMERGENCE DE LEADERS

En tant que manager, vous devez être capable de déterminer des priorités, d'encourager la progression des autres, de les motiver et de déléguer. Vous devez vous attacher à développer ces qualités de leadership en vous-même mais aussi chez ceux qui vous secondent. Tout leader qui mérite ce nom doit savoir écouter avec attention, critiquer avec discernement, se montrer magnanime en rectifiant les erreurs commises et faire preuve d'objectivité. En cherchant à développer votre propre potentiel, vous inciterez les autres à avancer.

ACQUÉRIR DES QUALITÉS DE LEADER

Tous les leaders assurent leur fonction et assoient leur autorité grâce à leur forte personnalité. Ils doivent également jouer un rôle de faciliteur et d'inspirateur. Pour diriger les autres, vous devez :

- Faire en sorte que chacun œuvre en vue d'atteindre un objectif qu'il a approuvé et fixé d'un commun accord avec les autres membres de l'équipe ;
- Critiquer de manière constructive, en soulignant les mérites et les erreurs ;
- Stimuler la créativité et le débat ;
- Vous montrer ambitieux quant aux résultats à atteindre ;
- Aider chaque individu et l'équipe tout entière à développer ses propres compétences et à les renforcer.

RESTER EN FORME

La forme repose sur plusieurs éléments. Un individu en mauvais état psychique et physique ne sera pas en mesure de rendre un travail hautement performant. Votre mode de vie et l'exercice que vous prenez conditionnent votre potentiel et votre réussite.

24 Évaluez votre forme et faites de l'exercice pour augmenter votre tonus.

CONSERVER UNE BONNE SANTÉ

La majorité des gens n'ont en général que des modifications légères à apporter à leur mode de vie pour améliorer leur condition et conserver un état de santé garant de leur performance au travail. Dormir un nombre d'heures suffisant, avoir un régime alimentaire sans excès et prendre régulièrement de l'exercice, sont les recettes d'une vie saine. En adoptant un mode de vie équilibré, vous renforcerez le tonus et l'énergie nécessaires pour réaliser votre potentiel.

◀ **AMÉLIORER SA FORME**
En sport, fixez-vous des buts précis à atteindre par étapes. Vous en ressentirez très rapidement les bienfaits sur le plan physique et mental.

EXERCER LE CORPS

Chaque programme d'exercice physique devrait comporter une gradation en fonction de sa valeur particulière. Prenons le cas de la valeur dite « aérobique », qui mesure l'effet de l'exercice sur le cœur et les poumons. Certains sports comme l'aviron possèdent une forte valeur aérobique, dans la mesure où ils sollicitent beaucoup ces deux organes. D'autres, tels que le cyclisme ou la course, augmentent graduellement les capacités cardiaques et pulmonaires. Choisissez un sport et fixez-vous des buts à atteindre. Vous en ressentirez très vite les bienfaits.

25 Optez pour le mode d'exercice qui vous convient et qui vous procurera le bien-être maximum.

Garder une Bonne Condition Physique

Sport	Fréquence Conseillée	Valeur Aérobique
Cyclisme	30 à 45 min, 3 fois par semaine	très élevée
Aviron	3 heures, 1 fois par semaine	très élevée
Jogging	30 à 45 min, 3 fois par semaine	très élevée
Natation	45 min, 3 fois par semaine	très élevée
Football	1 à 2 heures, 2 fois par semaine	élevée
Marche	45 min, 3 fois par semaine	élevée
Squash	1 heure, 2 fois par semaine	moyenne
Tennis	1 à 2 heures, 2 fois par semaine	moyenne
Volley-ball	1 à 2 heures, 2 fois par semaine	moyenne
Golf	36 trous, une fois par semaine	faible

26 Combinez des exercices qui sollicitent le cœur, les poumons et les principaux muscles.

27 Ne niez pas votre souffrance, cherchez plutôt à en connaître les causes et à y remédier.

Entretenir sa Souplesse

Il ne suffit pas de conserver ou d'accroître ses capacités cardiaques et respiratoires. On néglige souvent l'équilibre, la souplesse et la force musculaire. Pourtant, il est si facile de les exercer en suivant des cours de gymnastique dans un lieu conçu pour cela. Mais le seul fait de marcher rapidement, de se pencher, de s'étirer, de s'asseoir, de se tenir debout bien droit suffit en général. Consacrez ne serait-ce que dix minutes par jour à des exercices d'étirement, de yoga ou de tai-chi-chuan. Si vous continuez à souffrir ; il est fort probable qu'une mauvaise position à votre poste de travail en est responsable. Dans ce cas, consultez un ostéopathe ou un spécialiste de ce type de thérapie.

SE NOURRIR SAINEMENT

Les aliments fournissent les éléments indispensables à notre santé et les calories qui nous donnent de l'énergie. Mais la vie professionnelle multiplie les tentations et les occasions de mal se nourrir. Le sandwich avalé à la hâte, l'apéritif avec les collègues, le déjeuner de travail copieux et arrosé sont autant de nuisances. Il est important de s'en tenir à un poids de référence, que l'on tentera de conserver en contrôlant les calories consommées et de prendre des suppléments vitaminiques.

▲ **L'IMPORTANCE DU PETIT DÉJEUNER**
Prenez toujours le temps d'absorber un solide petit déjeuner. Les céréales ou le pain, un fruit frais ou du jus de fruit doivent impérativement y figurer.

28 Luttez contre les baisses d'énergie en faisant des repas légers à heures régulières.

29 Ne négligez pas un symptôme de stress, traitez-le.

APPELER À L'AIDE

Les contraintes de la vie professionnelle et le stress engendrent parfois des baisses de régime, allant de la déprime mineure à la véritable dépression nerveuse. Prenez ces maux au sérieux et n'hésitez pas à rechercher de l'aide. Il suffit parfois de se confier à un ami ou de consulter son médecin. Dans d'autres cas, il faut parfois avoir recours aux médicaments ou à des thérapies comme la méditation. Quoi qu'il en soit, ne souffrez pas en silence ; votre niveau de performance et votre travail s'en ressentiraient.

ÉVITER LA DÉPRESSION

Si vous êtes d'accord avec la majorité des affirmations suivantes, vous jouissez d'une bonne santé mentale. Si, inversement, vous ne les partagez pas, vous souffrez d'une tendance à la déprime, voire de dépression.

- Je ne me sens pas du tout malheureux.
- Je suis optimiste pour l'avenir.
- Je n'éprouve pas de sensation d'échec.
- Je suis assez satisfait de la vie.
- Je n'éprouve pas particulièrement de sentiment de culpabilité.
- Je n'ai pas l'intention de tenter quelque chose contre moi.
- Je ne suis pas déçu de moi-même.
- Je m'intéresse aux autres.
- Je n'éprouve pas spécialement de difficultés à prendre des décisions.
- J'ai toujours aussi bonne mine qu'avant.
- Ma capacité de travail n'a pas diminué.
- Je ne me fatigue pas plus vite qu'auparavant.
- J'ai toujours autant d'appétit
- Je ne me laisse pas aller.

▲ **S'ÉVADER**
Le fait de partir en vacances avec votre famille ou avec des amis vous permet de rompre avec la routine et les tensions qu'elle engendre. Préférez plusieurs coupures de quelques jours à un congé de plusieurs semaines une fois par an. Saisissez toutes les occasions ; par exemple, en déplacement professionnel, prolongez votre voyage par un ou deux jours de détente sur place.

S'OCTROYER DES PAUSES

Certaines personnes passent leur vie à travailler, convaincues que cela leur procure une avance sur ceux qui s'accordent des horaires plus réduits. Mais le succès dépend moins des heures passées au travail, que de la puissance des idées et de la capacité à les concrétiser. Le surmenage risque même de devenir contre-productif, en termes de créativité et de performance. Évitez de rapporter du travail chez vous ou de vous rendre à votre bureau le week-end. Pour que votre travail soit efficace, menez une vie équilibrée et accordez-vous quelques loisirs.

POINTS À RETENIR

- Adopter un mode de travail en horaires souples permet d'éviter les trajets aux heures de pointe.
- Aller deux ou trois fois par semaine au travail à pied ou en bicyclette aide à entretenir la forme.
- Il est préférable de prendre des repas légers à intervalles réguliers, plutôt qu'un seul repas copieux.
- Un temps de relaxation avant de se coucher, consacré à lire, regarder la télévision ou à écouter de la musique améliore la qualité du sommeil.
- Il est bon de souligner au travail l'importance que vous accordez à vos obligations familiales.

DORMIR SUFFISAMMENT

Le sommeil est indispensable pour demeurer performant. La quantité de sommeil nécessaire varie d'une personne à l'autre, mais il existe une durée minimale à respecter. On peut toujours tenter de réduire le nombre d'heures de sommeil dont on a besoin. En procédant par étapes étalées sur une longue période, il est possible de ne dormir que quatre heures. Attention toutefois ; si vous décidez d'abréger brusquement vos nuits, sans sieste compensatoire pendant la journée, la qualité de votre travail risque d'en pâtir.

30 Si vous vous sentez fatigué, accordez-vous une courte sieste. Vous en éprouverez vite l'effet réparateur.

RECHERCHER L'EXCELLENCE

Il n'existe d'autre choix pour atteindre la perfection que de rechercher toujours à se surpasser et de refuser les résultats médiocres. Soyez exigeant avec vous-même, critiquez vos fautes sans complaisance et vous serez sur la voie de l'excellence.

31 Recherchez l'excellence de la performance, refusez la médiocrité.

QUESTIONS À SE POSER

- **Q** Est-ce que j'évalue le niveau de ma performance quotidiennement ?
- **Q** Ai-je réfléchi au moyen d'améliorer mes résultats ?
- **Q** Est-ce que j'accepte les critiques et les utilise pour progresser ?
- **Q** Est-ce que, moi-même, j'atteins les normes que je fixe aux autres ?

TENDRE VERS LA PERFECTION

Lorsque l'on cherche à repousser ses limites, à aller toujours plus loin, on tend inévitablement vers la perfection. Si vous recherchez la perfection dans quelque domaine que ce soit, vous devez être le premier. Or il faut se donner beaucoup de mal pour arriver au faîte de sa compétence, et malgré les efforts consentis la réussite n'est pas toujours au rendez-vous. On doit constamment aller au-delà de ses performances présentes, par définition imparfaites. La clé du succès réside dans le refus de la médiocrité.

ÊTRE LE MEILLEUR

Pour donner le meilleur d'eux-mêmes, les managers et les organisations ont besoin d'opposition, ou tout au moins de contradicteurs qui les défient. Le processus connu sous le nom de « comparaison avec les meilleurs », ou « benchmarking », mesure les performances enregistrées par les concurrents par rapport aux objectifs que l'entreprise a l'ambition de réaliser. Cette approche a toutefois un défaut : les résultats qui servent de référence sont trop bas. À vous de savoir utiliser ces résultats en les améliorant. On devient le meilleur en fixant de nouveaux objectifs et en concevant des méthodes inédites qui permettront de les atteindre. Il s'agit d'une recherche à la fois exigeante et gratifiante.

32 Partez du principe que vous pouvez toujours exploiter vos capacités d'une meilleure manière.

33 Recherchez la perfection, même si elle vous semble hors d'atteinte.

34 Recevez les nouvelles tâches à accomplir comme autant de défis à relever.

35 Chaque fois que vous avez terminé un travail, notez le sur 100, mais sans complaisance.

PRATIQUER L'AUTOCRITIQUE

Il existe une différence fondamentale entre l'autocritique et le fait de se sous-estimer. Nous devons tous posséder une haute opinion de nos capacités et de notre aptitude à les utiliser. Mais on prend conscience de sa valeur en soumettant ses actes et ses résultats à un jugement rigoureux. En devenant vous-même votre censeur le plus sévère, vous éviterez l'autocomplaisance et vous vous engagerez sur la voie de l'excellence. Ne dénigrez pas systématiquement vos fautes, mais optez pour un mode de critique constructif qui vous aidera à améliorer vos points faibles. La perfection n'est pas donnée d'emblée ; méfiez-vous donc si vous ne trouvez rien à critiquer.

ÉLEVER SON NIVEAU D'EXIGENCE

Quelle que soit la qualité de votre prestation dans un domaine que vous maîtrisez particulièrement bien, vous pouvez certainement progresser. Et il en va de même du niveau de performance général que vous avez fixé pour vous-même et pour les autres. Appliquez le principe de qualité totale de l'amélioration continue à tout ce que vous entreprenez. Lorsque vous débutez dans un nouveau poste, vous éprouvez peut-être un sentiment de découragement face aux défis qui vous attendent et vous doutez de votre capacité à les maîtriser. Cependant, si vous vous référez à votre expérience passée, vous savez que vous dominerez rapidement la situation. Mieux vaut viser trop haut et manquer la cible que s'abstenir et ne rien tenter.

▼ SE MONTRER AMBITIEUX

N'ayez de cesse d'améliorer votre performance en vous lançant régulièrement des défis et en accroissant vos objectifs. Saisissez toutes les occasions d'acquérir et d'exercer de nouvelles compétences.

Augmentez vos compétences en demandant l'aide et le soutien d'une personne qui saura vous guider.

RELEVER LES DÉFIS

Il se peut que vous vous contentiez d'effectuer le même travail pendant des années. Mais cela ne représente pas la méthode idéale pour exploiter à fond votre potentiel. Éprouver le désir de bouger est en général bon signe et constitue une qualité appréciable. Lorsque vous avez terminé une tâche, vous partez en quête d'autres domaines à explorer et d'autres batailles à livrer. N'hésitez pas à relever les défis qui vous sont lancés. Car il est plus motivant d'avancer et de progresser. Ce besoin de mouvement ne doit pas être assimilé à un simple sentiment d'insatisfaction ou à la manie du changement. Il répond au désir légitime d'éprouver sa puissance dans des situations nouvelles.

36 Ne devenez pas un tyran mais un supérieur exigeant qui aide les autres à fournir un travail de qualité.

ACCEPTER LA CONCURRENCE

Vous devriez toujours accepter la concurrence car elle possède un effet bénéfique. Sans elle, il n'existe pas de créativité. L'obligation de dépasser ses adversaires en employant des moyens honnêtes décuple le dynamisme et l'énergie des individus et des organisations. Encouragez ce besoin en vous-même et au sein de votre équipe. Sélectionnez « l'adversaire » que vous voulez battre et dont vous voulez dépasser les performances. Mais veillez quand même à contrôler votre agressivité.

INSPIRER LE DÉSIR D'EXCELLER

Rechercher la perfection pour vous-même vous donne le droit de montrer la même exigence vis-à-vis des autres. Une partie de votre dynamisme sert à aider les autres à utiliser leur potentiel maximal dans le combat pour l'excellence. Stimulez leur désir de participer, d'exceller, d'assurer des responsabilités et d'utiliser leur puissance intellectuelle en vous proposant comme exemple. Motivez vos collaborateurs en les encourageant et en récompensant leurs résultats lorsqu'ils le méritent.

▲ **PERMETTRE AUX AUTRES D'EXCELLER**
Aidez vos collaborateurs à atteindre les objectifs que vous avez déterminés en les encourageant à exploiter leurs capacités au maximum. Récompensez et encouragez les résultats.

RECHERCHER L'EXCELLENCE EN EXPLOITANT SES ATOUTS

ATOUTS	COMMENT ATTEINDRE L'EXCELLENCE
AMBITION Volonté de prendre des initiatives pour atteindre des objectifs élevés.	• Cherchez à atteindre l'impossible, c'est le meilleur moyen de l'obtenir. • Traduisez vos ambitions en un échéancier concret. • Considérez les gratifications financières comme une récompense et non comme une fin en soi.
VISION Gardez la réussite à long terme constamment en point de mire.	• Ne laissez pas les problèmes du présent vous faire oublier que vous devez planifier l'avenir. • Communiquez votre vision aux autres et sollicitez leur soutien, analysez-la périodiquement et révisez-la au besoin.
CONFIANCE EN SOI La conviction que vous pouvez réaliser ce que vous souhaitez.	• Si vous vous estimez mal préparé à une tâche, demandez une formation adaptée. • N'hésitez pas à sollciter l'avis des autres. • Ne laissez pas les critiques entamer votre confiance en vous.
APTITUDE À PRENDRE DES RISQUES Capacité à saisir les occasions sans chercher à éviter les risques.	• Pesez le pour et le contre avant tout choix. • Ne vous lancez pas dans des risques inutiles mais évaluez au plus juste les chances de succès. • Analysez vos intuitions et ne craignez pas de vous en inspirer.
DYNAMISME ET ÉNERGIE Faculté de mobiliser ses ressources physiques et mentales.	• Soyez déterminé et persévérez dans vos objectifs. • Consacrez votre dynamisme et votre énergie à planifier autant qu'à agir. • Réagissez énergiquement aux échecs et renforcez vos possibilités de réussite.
ESPRIT DE COMPÉTITION Quête continuelle de la perfection en votre objectif de réussite.	• Identifiez votre domaine de compétition principal et efforcez-vous d'être le meilleur. • Ne vous contentez pas d'une place de second. • Associez des progressions graduelles à d'importants sauts qualitatifs.
APTITUDE À L'AUTOCRITIQUE Savoir affronter les erreurs et les échecs comme il le faut.	• Évitez de blâmer les autres pour tout ce qui ne fonctionne et apprendre d'eux. • Prenez l'habitude d'analyser les causes de vos erreurs pour éviter qu'elles ne se reproduisent. • Sachez savourer votre réussite.
LEADERSHIP La capacité à mobiliser les autres pour atteindre les objectifs communs.	• Savoir favoriser l'émergence d'autres leaders est une garantie de succès. • Dirigez en vous mettant en avant mais sans pour autant faire le travail des autres. • Sachez solliciter l'avis des autres.

Améliorer ses Compétences

Quel que soit votre niveau de carrière, il demeure vital de continuer à apprendre. En élargissant et en exploitant vos connaissances, vous pouvez améliorer votre performance de manière spectaculaire.

Continuer à apprendre

Il n'y a pas d'âge pour apprendre. La nécessité d'acquérir des connaissances augmente au contraire à mesure que vous avancez dans votre carrière et que vos tâches gagnent en importance et en complexité.

37 Si vous avez le sentiment que vous avez des manques, demandez une formation.

38 Toute nouvelle acquisition, même sans lien direct avec le travail, est enrichissante.

39 Ne pensez jamais que la formation ne vous concerne plus.

Prendre sa formation en main

Très souvent, les salariés qui bénéficient d'une promotion s'imaginent qu'ils n'ont pas besoin de formation particulière pour assumer leurs nouvelles responsabilités mais qu'ils apprendront « sur le tas », vous avez besoin de consolider vos qualités naturelles en acquérant une connaissance à la fois générale et spécifique du domaine que vous allez aborder.
Si votre employeur ne vous propose pas la possibilité d'élargir vos compétences, substituez-vous à lui en décidant de le faire par vous-même.

APPRENDRE UNE LANGUE ÉTRANGÈRE

La maîtrise des langues étrangères constitue un avantage considérable. C'est également un excellent exercice d'agilité intellectuelle. Si les cassettes et les vidéos représentent des outils de travail efficaces, les méthodes interactives offrent le moyen le plus sûr d'apprendre aisément et rapidement.

Le manager utilise des cassettes pour apprendre une nouvelle langue étrangère.

APPRENDRE EN S'IMPLIQUANT ▶
Ménagez-vous des moments consacrés à l'étude et trouvez un environnement calme où vous pourrez vous concentrer.

MAÎTRISER L'OUTIL INFORMATIQUE

L'ordinateur est devenu indispensable. Vous devez être capable rapidement d'utiliser un traitement de texte, un tableur et d'envoyer et de recevoir un e-mail. Les agendas électroniques et les bases de données personnelles, peu onéreux, permettent d'augmenter la productivité. Mis à part le bénéfice que chacun peut en retirer pour son propre compte, l'ordinateur offre dans certaines entreprises la possibilité de consulter des dossiers, d'entrer en relation avec les collègues, les clients, les fournisseurs, de travailler à distance, d'échanger des messages et d'accéder au réseau Internet (qui rend désormais toutes ses activités possibles).

▲ LES BÉNÉFICES LIÉS À L'UTILISATION DE L'ORDINATEUR
Maîtriser l'usage de l'ordinateur apporte un confort de travail.

UTILISER SES CONNAISSANCES

Assurez-vous de la pertinence des cours que vous envisagez de suivre. Puis efforcez-vous d'appliquer ce que vous venez d'apprendre. Ne vous laissez pas décourager par les commentaires de collègues moins avertis, susceptibles de mettre en doute l'intérêt de ce qui vous est enseigné. Vous ne découvrirez la réelle portée de cet enseignement qu'en le mettant quotidiennement en pratique dans l'exercice de votre travail.

40 Insistez pour obtenir la formation dont vous avez besoin, puis pour la mettre en pratique.

PENSER DE MANIÈRE EFFICACE

La discipline mentale la plus importante, la réflexion, est malheureusement très mal enseignée. Vous avez la possibilité d'améliorer votre mode de réflexion en recourant au raisonnement logique et à des méthodes éprouvées.

41 Rassemblez toutes les informations indispensables avant de tirer des conclusions.

Envisagez chaque fait séparément, avant de planifier votre action.

▲ **PLANIFIER LOGIQUEMENT**
Notez par écrit les divers développements possibles, ainsi que leurs ramifications prévisibles.

RAISONNER AVEC LOGIQUE

Qui dit logique dit raisonnement correct. Utilisez une démarche logique et vous parviendrez au point idéal où l'évidence des faits élimine toutes les possibilités à l'exception d'une seule. Ce processus ne se produit pas systématiquement, dans la mesure où, souvent, il existe trop de données inconnues. Néanmoins tout manager rationnel commence par une analyse des faits, sur laquelle il fondera sa conclusion. Ce type de raisonnement s'applique également dans les situations d'incertitude. Il suffit de dresser la liste des événements possibles et d'en déterminer toutes les conséquences logiques. Cela permet ensuite d'envisager les moyens de prévoir et de traiter toutes les possibilités. La logique enseigne également que l'échec doit être envisagé.

ADOPTER LA PENSÉE LATÉRALE

La pensée latérale, telle que l'enseigne Edward de Bono, incite les individus à remettre en question les idées reçues et à trouver des solutions innovantes. Ainsi, la provocation consiste à avancer des notions insolites pour voir quel résultat leur application concrète permet d'obtenir. Un autre type d'approche repose sur la recherche des analogies existant avec d'autres domaines. Si l'on vous dit que quelque chose est irréalisable, insistez pour prouver le contraire.

42 Sachez distinguer la créativité véritable des idées saugrenues, compliquées et irréalistes.

Écouter son Intuition

Les pressentiments et les intuitions paraissent moins fiables que la logique, la pensée latérale et le raisonnement. Mais les processus intuitifs sont de nature intellectuelle comme les autres démarches citées, à cette différence près qu'ils tiennent compte de facteurs que notre conscience réprime. Bien souvent notre instinct nous empêche de prendre une décision. Ecoutez ce que vous dicte votre voix intérieure, elle vous évitera parfois de commettre des erreurs. Mais il est primordial d'adopter la même démarche analytique que pour le raisonnement logique. Mettez votre intuition à l'épreuve des faits. Vous vous apercevrez qu'elle n'est pas toujours infaillible. Si vous décidez de lui faire entièrement confiance, soyez prêt à en assumer toutes les conséquences.

43 Encouragez les participants aux groupes de réflexion à laisser parler leur intuition autant que leur raisonnement logique.

Questions à se Poser

Q Ai-je rassemblé toutes les informations concrètes dont j'ai besoin pour trouver la bonne solution ?

Q Ai-je tenu compte de tous les paramètres avant de prendre ma décision ?

Q Ai-je réellement cherché une façon innovante d'aborder cette situation ?

Q Ai-je recueilli l'avis de tous ceux qui sont partie prenante dans cette affaire ?

Q Ai-je adopté la meilleure démarche possible pour parvenir à ma conclusion ?

Q Ai-je abordé ce problème de façon intuitive ou selon un raisonnement intellectuel ?

Q Ai-je envisagé des solutions alternatives ?

Aborder les problèmes de manière logique

Lorsque vous appliquez un raisonnement logique pour résoudre un problème, le résultat va parfois à l'encontre de votre intime conviction. Dans le cas rapporté ici, David pensait intuitivement qu'il fallait baisser les prix pour stimuler les ventes. Mais son supérieur, en analysant rationnellement sa proposition, a su lui prouver le contraire.

Étude de cas

David, responsable des ventes dans une entreprise importante, était préoccupé par la dégradation des ventes. Il s'en ouvrit à son supérieur, Jean, et suggéra de réduire les prix de 20 %, croyant ainsi encourager les clients à acheter. Il expliqua à Jean que les ventes chuteraient considérablement si l'on conservait les prix pratiqués et qu'elles augmenteraient de manière spectaculaire si l'on appliquait sa proposition. Jean calcula dans quelles proportions les ventes devaient progresser pour couvrir les pertes de profit engendrées par la valse des étiquettes. L'analyse montra qu'elles devaient se multiplier par cinq. Il chercha ensuite à déterminer jusqu'à quel point les ventes pouvaient chuter sans que cela se répercute sur les profits, dans le cas où les prix feraient un bond de 20 %. Il arriva au résultat de 44 %. Il montra à David les conclusions de son analyse et lui posa la question suivante : « Croyez-vous vraiment qu'un différentiel de prix de 20 % accroîtra les ventes de 400 % ? » À contre-cœur, David lui donna raison.

AUGMENTER SA MÉMORISATION

Avoir une bonne faculté de mémorisation constitue un atout essentiel, qui ne demande qu'à être développé par des techniques éprouvées. Travaillez vous aussi votre mémoire et plus jamais vous n'oublierez quoi que ce soit.

44 Vérifiez toujours les données de votre mémoire ; elle peut toujours fléchir.

TESTER SA MÉMOIRE

Plusieurs facteurs dont le stress et la fatigue affectent notre capacité de mémorisation. Heureusement, cela ne signifie pas pour autant que nos facultés intellectuelles baissent. Essayez ce test simple. Parcourez une liste de dix objets, tentez de vous souvenir de chacun d'eux dans l'ordre. Si vous n'y parvenez pas, ne perdez pas courage. Après quelques exercices d'entraînement, vous en réussirez de beaucoup plus complexes.

45 Suivez une formation qui vous aidera à déceler les défaillances de votre mémoire.

MÉMORISER DES LISTES DE MOTS ET DES NOMBRES

Pour retenir plus facilement une liste, inventez un scénario à partir des objets qu'elle contient. Votre histoire doit être le plus absurde possible, du type : « Un homme prend de l'aspirine parce qu'il a mal à la tête après avoir bu du vin qui lui a coûté beaucoup d'argent. Il note dans son carnet de ne plus le refaire et se soigne en mangeant des oranges. Une des oranges donne des fleurs et devient un arbre, qui est réduit en pâte à papier pour fabriquer un livre. Ce livre enseigne comment cuire de vieilles saucisses avec de la lessive en poudre pour fabriquer de la nourriture pour chats. » Soyez certain que vous réciterez la liste intégralement.

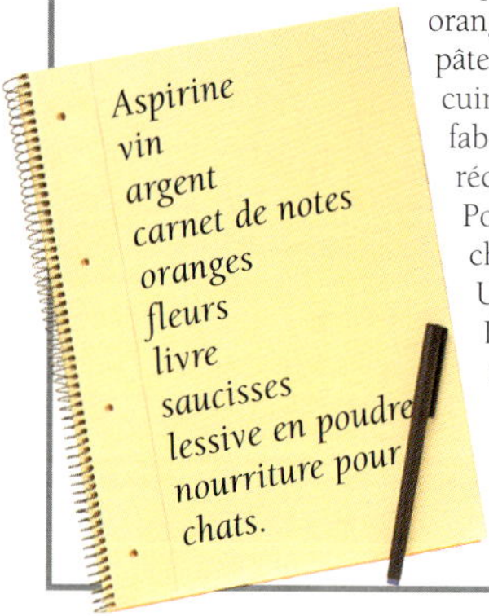

Pour mémoriser des nombres, associez un mot ou un son aux chiffres allant de un à dix ;

Un : Huns ; deux : yeux ; trois : roi ; quatre : âtre, etc.

Il vous suffit de composer vos propres associations nombre/mot.

Les listes d'objets, les idées, les noms propres, les points d'un discours ou les nombres peuvent de la même manière être mémorisés grâce à cette technique associant les nombres et les mots.

46 Mettez au point un système de classement des documents que vous souhaitez conserver.

LES PROCÉDÉS MNÉMOTECHNIQUES

La technique de l'association, ou mnémotechnique, est la clé de tout effort de mémorisation efficace. En l'utilisant, vous accomplirez des prodiges, comme par exemple tenir un discours d'une demi-heure sans notes. Cette méthode repose sur le fait de relier ce que vous tentez de vous rappeler à quelque chose d'autre, par exemple, une analogie phonétique. Les formules mnémotechniques reposent sur l'association d'éléments divers, tel, le fameux « Mais où est donc Ornicar ? »

VENIR AU SECOURS DE SA MÉMOIRE

Vous n'avez aucune raison de charger inutilement votre mémoire lorsque vous pouvez stocker les données dont vous avez besoin. Puisez l'information dans l'un des nombreux lieux de références dont vous disposez, qu'il s'agisse de sites Internet ou de dossiers sur vos étagères. Il suffit que ces données soient accessibles à tout moment.

Concevez un système d'archivage efficace, grâce auquel vous retrouverez rapidement et facilement les informations dont vous avez besoin.

▼ STOCKER L'INFORMATION

Concevez un système de classement qui répond à vos besoins et assurez-vous de son efficacité. Il doit vous permettre d'accéder facilement et à tout instant aux informations que vous cherchez.

Un mot-clé désigne le contenu.

Chaque dossier est muni d'une étiquette.

Les dossiers sont de couleurs différentes, chaque couleur correspondant à un sujet.

◀ CONSERVER UNE TRACE

Dès que vous le pouvez, notez le compte rendu d'un entretien, vos commentaires sur ce que vous venez de lire, les coordonnées des personnes que vous rencontrez pour la première fois, une information nouvelle… Et rangez-le dans un dossier.

AMÉLIORER SES CAPACITÉS DE LECTURE

Plus vous lisez vite, mieux vous comprenez. L'idée selon laquelle la vitesse empêche d'appréhender correctement le texte est erronée. Exercez-vous à la lecture rapide et vos capacités de compréhension s'amélioreront.

47 Lisez beaucoup pour vous informer de ce qui se passe dans les autres entreprises.

Le livre est posé à plat sur le bureau.

Être confortablement installé favorise la concentration.

▲ **ADOPTEZ UNE LECTURE SÉLECTIVE**
Lisez d'une traite par intervalles de 20 minutes, en vous concentrant.

LIRE PLUS RAPIDEMENT

Peu de managers connaissent leur score de lecture personnel, alors qu'il s'agit d'une donnée fondamentale. La moyenne de vitesse de lecture se situe entre 250 et 300 mots par minute, score qui peut être amélioré. Le premier conseil consiste à ne lire que ce dont vous avez besoin. Passez le texte en revue, sélectionnez les informations essentielles en laissant de côté ce qui vous semble superflu. Ne revenez pas sur les mots et sur les phrases déjà lus. Allez toujours de l'avant, balayez du regard les groupes de mots en absorbant le plus grand nombre possible de mots dans chaque groupe. Ainsi, vous pourrez accroître votre vitesse de lecture de presque 30 %.

COMPRENDRE PLUS VITE

Croyant à tort que lire plus vite nuit à la compréhension du texte, beaucoup de gens relisent plusieurs fois les mêmes phrases, allant ainsi à l'encontre du but recherché. Les tests montrent en effet que la compréhension augmente en même temps que la vitesse de lecture. Quelqu'un d'entraîné à la lecture rapide parcourt le texte au moins deux fois plus vite et en appréhende aussi mieux le sens. De fait, la technique qui consiste à accroître le rythme favorise la concentration. Prenez des notes lorsque vous lisez, cela aide à la compréhension.

48 Fixez-vous un temps de lecture précis et ne dépassez pas ces limites.

CHOISIR SES LECTURES

Vous êtes certainement submergé de choses à lire pour votre travail. Mais vous serez plus performant si vous élargissez votre domaine d'intérêt. Fixez-vous un planning de lecture par semaine ou par mois et respectez-le. Ne vous limitez pas aux ouvrages d'économie ou de gestion, bien qu'il en paraisse chaque année d'excellents, qui abordent tous les aspects de l'entreprise et qui contiennent des informations et des conseils de valeur. Il en va de même pour les journaux et les magazines. Un richissime homme d'affaires américain qui a fait fortune dans les pizzas, possède la plus grande bibliothèque du monde de guides pratiques ! L'histoire ne dit pas si sa réussite est due à l'application des principes énoncés dans ces ouvrages. Quoi qu'il en soit, nous avons tout à gagner à lire pour enrichir notre éducation. Mais il ne faut pas oubler que la lecture est aussi un plaisir.

À FAIRE

1. Évaluez votre vitesse de lecture et cherchez à passer au stade supérieur.
2. Vérifiez que vous avez compris le texte, en lisant lentement puis plus vite.
3. Lisez tous les jours.
4. Parcourez d'abord l'ouvrage dans sa totalité, afin de sélectionner les passages qui vous intéressent.
5. Dressez une liste de livres à lire.

COMMENT RETENIR CE QUE VOUS LISEZ

Consacrez une heure à l'étude → *Lisez le texte attentivement*

Revoyez le texte 6 minutes après → *Sélectionnez ce qui est essentiel*

Recommencez 10 heures après → *Effectuez une seconde sélection visant à ne retenir que l'essentiel*

Recommencez au bout de 40 heures → *Tentez de vous rappeler ce que vous avez lu et relisez au besoin*

49 Essayez de retenir quelques faits et quelques chiffres parmi toutes vos lectures.

50 Triez vos dossiers d'archives à intervalles réguliers pour en faciliter la gestion.

ÉCRIRE ET S'EXPRIMER AVEC AISANCE

Certains managers éprouvent des difficultés à parler en public et à rédiger correctement un discours. Respectez quelques règles simples et votre performance, tant à l'écrit qu'à l'oral, s'améliorera.

51 Demandez à un ami dont vous respectez le jugement, de lire et de critiquer vos écrits.

RÉDIGER UN TEXTE

Lorsque vous écrivez, utilisez des mots courts et préférez les verbes à la forme active. Rédigez des phrases concises et précises. Bannissez les artifices d'écriture tels que l'emploi de lettres majuscules au début de mots qui ne l'exigent pas ou le recours au jargon professionnel. Évitez les clichés comme « au moment présent » et les archaïsmes du type « nonobstant ». Recherchez la fluidité du style et les transitions logiques entre les paragraphes et dans l'argumentation. N'ajoutez pas plus de mots qu'il n'en faut. Raccourcissez votre texte ; cela le rendra d'autant plus clair, vous aidera à visualiser ceux à qui il s'adresse et vous permettra de mieux le cibler.

52 Lisez vos écrits à haute voix ou en silence, afin d'en vérifier la qualité.

Un ou une, utilisez un symbole (ou un chiffre).

Frm = forme, supprimez les voyelles que vous n'entendez pas.

En qque sorte c sys d'écr. rpd mltpl. la. vts. à laq. vs. rdg. avc. 1 stl. le. trtmt. d txt, 1 mchn à écr. si c. cme cla qu vs prfre écr.

Avc c sys la frm d mts n'et ps mdfié d pls il et trs prtqu.

Vs trvr pt etr qu le sys et xtrordnr quan vs srez pssé mtr ds sn utlstion. Il et prtqu de suprmé lé lttr com lé vyll ou lé csn qu l'on n'ent ps. Cla prmt d ggné d tem

Prmt = permet

◀ **PRENDRE DES NOTES**

Aérez le corps du texte en paragraphes courts et mentionnez essentiellement les points, les faits et les phrases essentiels. Inventez un système qui vous fera gagner du temps, en supprimant par exemple les voyelles et en employant des symboles pour les mots d'usage courant.

▲ **COMMENT PROCÉDER**
Vous dicterez plus rapidement si vous avez préparé à l'avance le document, les notes et le matériel de référence que vous envisagez d'utiliser. Prenez le temps de dicter et gardez les documents sous les yeux jusqu'à ce que vous ayez terminé.

DICTER UN TEXTE

Écrire prend du temps. Seuls les spécialistes de l'écriture sont capables de produire 20 mots voire davantage par minute. Alors que la dictée permet d'atteindre 160 mots par minute. Vous n'atteindrez pas forcément ce record de 160 mots, bien sûr, mais vous pouvez néanmoins doubler ou tripler la vitesse à laquelle vous êtes capable de dicter. Vous devez vous assurer la collaboration d'une personne qui prendra directement le texte sous votre dictée ou qui transcrira l'enregistrement. N'oubliez pas de consacrer du temps à la relecture et à la correction du texte.

53 Entraînez-vous à parler sans notes et utilisez une montre pour évaluer la durée de votre intervention.

S'EXPRIMER AVEC CLARTÉ

Dans la vie ordinaire, presque tout le monde s'exprime clairement. Certes, il existe des orateurs exceptionnels, mais vous ne prétendez pas nécessairement les égaler. Dans les conversations de tous les jours, vous savez généralement faire passer votre message, vous n'éprouvez pas de gêne à parler, vos propos sont nets et précis. En fait, c'est exactement ce que l'on attend de vous lorsque vous prenez la parole dans le cadre de votre vie professionnelle. Imaginez que vous vous trouvez en compagnie d'amis qui s'intéressent d'avance à ce que vous allez leur dire et que vous ne vous croyez pas obligé d'impressionner par des discours savants.

◀ **SE COMPORTER DE MANIÈRE NATURELLE**
Si vous connaissez bien vos notes, vous paraîtrez plus naturel et vous établirez alors un meilleur contact avec votre auditoire.

Dominer le Trac

Les journalistes de télévision, pourtant à l'aise face à la caméra, avouent qu'ils éprouvent toujours le trac avant leur passage à l'antenne. Des écrivains couronnés de succès admettent eux aussi qu'ils doutent à chaque fois de la qualité de leurs écrits. Cette réaction nerveuse correspond à un stimulus positif qui déclenche une poussée d'adrénaline lorsque l'on se prépare à affronter un événement important. Si l'angoisse vous paralyse, pratiquez des exercices de relaxation, faites une courte promenade ou relisez votre exposé. Mais rappelez-vous que l'auditoire ou vos interlocuteurs sont rarement hostiles. Ils veulent au contraire que vous réussissiez votre prestation.

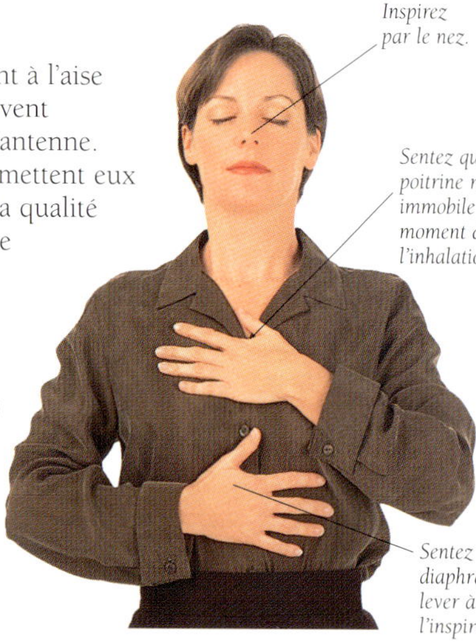

▲ **RÉDUIRE LA TENSION NERVEUSE DE DERNIÈRE MINUTE**

Livrez-vous à l'exercice de respiration suivant, il apaisera vos nerfs : fermez les yeux, placez une main sur la partie supérieure de la poitrine, l'autre sur votre diaphragme. Inspirez en sentant votre diaphragme se lever puis expirez lentement. Répétez l'opération plusieurs fois.

54 Choisissez un point situé aux deux tiers de l'auditoire et ne le quittez pas des yeux.

55 Utilisez des diapositives numériques pour obtenir le maximum d'effet.

Structurer son Discours

Tout discours repose sur les trois M : le Message, le Matériel d'accompagnement, la Manière. Utilisez ce processus en trois étapes qui consiste à attirer l'attention de l'auditoire sur le message à venir, puis à énoncer le message, enfin à le répéter. Dans votre exposé, soulignez les principaux points (pas trop nombreux) et développez chacun pendant trois minutes environ. Par quels moyens allez-vous étayer votre propos ? Notez en face de chaque point les diapositives, les statistiques, les informations et les anecdotes que vous comptez utiliser. La longueur idéale d'un discours se situe entre 20 et 40 minutes.

Présenter son Discours

Comment comptez-vous délivrer votre message et présenter la documentation qui l'accompagne ? Plusieurs solutions s'offrent à vous : vous pouvez arpenter l'estrade ou la salle, vous placer à un endroit précis et n'en plus bouger, consulter vos notes, lire votre texte de bout en bout (ce qui est déconseillé), tenir un discours formel, préférer l'échange spontané, inciter l'auditoire à participer ou dispenser un cours, etc. Choisissez la manière de vous exprimer en accord avec votre personnalité et surtout en fonction du public. Apprenez à déceler les préférences et les attentes de chacun. Maintenez un contact visuel avec l'assistance, afin de juger l'impact de votre prestation et l'adapter le cas échéant. Utilisez les moyens audiovisuels dans la mesure du possible.

▼ **PRÉSENTER UNE COMMUNICATION**

Utilisez l'audiovisuel dans la mesure du possible, mais continuez à regarder l'auditoire de préférence à l'écran, afin de maintenir un contact direct avec lui. Distillez quelques notes d'humour pour détendre et accrocher le public et terminez par une conclusion forte.

Différences Culturelles

Les Américains aiment marcher de long en large en parlant et essayent de faire corps avec l'assistance. Les Britanniques lisent volontiers leur discours du haut d'un pupitre et recourent très souvent aux supports audiovisuels. Les Japonais surprennent le public européen et américain par leur attitude peu formelle et par des anecdotes spirituelles. Les Allemands, eux aussi, font appel à l'humour, mais leur sens de la plaisanterie rencontre plus d'écho chez leurs concitoyens que parmi les étrangers. Les Français sont parfois très à l'aise, y compris lorsqu'ils sont obligés de s'exprimer en anglais.

Gagner en Efficacité

Il existe une infinité d'outils et de techniques qui vous permettront d'accroître votre performance. Grâce à un minimum de savoir-faire, vous utiliserez vos ressources personnelles au maximum.

Stimuler sa Créativité

Chacun de nous possède des talents de créateur, parfois insoupçonnés, qui ne demandent qu'à s'exprimer. En ouvrant votre esprit et en changeant votre manière de voir, vous découvrirez avec quelle facilité les idées naissent en vous.

56 Partez du principe que tout le monde a des idées et doit les exprimer sans inhibition.

Être Inventif

Beaucoup d'entreprises tombent dans le travers de croire que les recettes du passé ne sauraient être améliorées, ou ne progressent plus parce qu'elles se cantonnent dans une attitude de suiveur en imitant les pratiques du leader sur le marché. Or la créativité repose sur une approche radicalement opposée. Demandez-vous ce qui arrivera si vous bousculez vos habitudes ou si vous vous lancez dans l'exploration de voies encore inconnues. Ne tenez pas compte des remarques défaitistes, poursuivez votre expérience.

57 Explorez les idées novatrices susceptibles d'apporter des modifications bénéfiques.

SE DÉMARQUER DES AUTRES

Lorsque vous réfléchissez à votre stratégie personnelle ou à la politique de votre entreprise, ne cherchez pas imiter vos concurrents. Vous vous placeriez sur le marché au même niveau qu'eux. Cherchez plutôt l'inspiration géniale qui vous assurera la suprématie. Ainsi, vous gagnerez, même si vous ne possédez pas l'avantage du nombre ou de la puissance. Ayez le courage d'être différent et d'inventer vos propres références.

POINTS À RETENIR

- Les modes de pensée traditionnels peuvent avoir leur intérêt.
- Il ne faut pas souscrire aux nouvelles idées uniquement parce qu'elles sont nouvelles.
- Des idées qui paraissent absurdes en première analyse peuvent aboutir à des solutions sensées.
- N'écartez pas une idée sans l'avoir examinée attentivement.
- L'organisation est une condition *sine qua non* au moment du développement des idées.

TROUVER DES IDÉES

On trouve des idées à peu près partout ; à l'étranger, chez les concurrents, dans d'autres secteurs d'activité. Pour les repérer, lisez beaucoup et observez ce se passe autour de vous, puis donnez libre cours à votre soif d'expérimentation. Si vous découvrez une méthode inédite ou un nouveau produit, testez-les sur une période d'essai ou sur un marché témoin avant de vous engager. Il n'est pas interdit « d'emprunter » des idées, sans pour autant les copier purement et simplement mais afin d'en élargir la portée. En étant à l'affût, vous détecterez des idées adaptables à un domaine différent.

Découpez les articles intéressants et référez-vous y lorsque vous cherchez l'inspiration.

◀COLLECTER LES COUPURES DE JOURNAUX

Les magazines, les livres et les journaux constituent une véritable mine d'informations. Consultez-les et conservez les éléments qui vous intéressent de manière à constituer votre propre bibliothèque de références.

GÉRER SON TEMPS DE MANIÈRE OPTIMALE

Le temps est votre atout le plus précieux et la manière dont vous l'utilisez, bonne ou mauvaise, influence la qualité de votre performance. L'analyse de votre activité quotidienne vous conduira à apporter des modifications bénéfiques à votre travail.

58 À la fin de la journée, faites le point sur la manière dont vous avez utilisé votre temps.

59 Dressez la liste des tâches à accomplir par ordre de priorité.

ANALYSER LA GESTION DE SON TEMPS

Vous pensez peut-être que vous consacrez votre temps à des tâches indispensables mais si vous rédigiez le compte rendu précis de vos activités, vous vous apercevriez que la majorité d'entre elles sont superflues. Nous avons tous tendance à passer trop de temps à des travaux de routine. Détaillez par le menu votre emploi du temps quotidien. Donnez-vous la priorité aux projets importants ou urgents ? Ou bien effectuez-vous tout d'abord les tâches qui vous plaisent ? Perdez-vous beaucoup de temps ?

SAVOIR RÉPARTIR SON TEMPS

La majorité des tâches se divisent en trois catégories : les travaux de routine (rédiger un rapport habituel), les obligations ponctuelles (préparer une réunion) et les activités de planification et de développement (prendre de nouveaux contacts). Dans une configuration idéale, on devrait consacrer environ 60 % de son temps à la troisième catégorie, 25 % au deuxième groupe, enfin, 15 % seulement aux activités citées en premier. Si, comme beaucoup parmi nous, vous faites exactement l'inverse, efforcez-vous de réorganiser votre journée de travail pour devenir plus efficace et plus productif.

QUESTIONS À SE POSER

Q Le temps consacré à la planification stratégique et aux activités de contrôle est-il suffisant ?

Q Est-ce que je m'accorde assez de périodes de réflexion ?

Q Est-ce que je délègue les tâches routinières mais indispensables ?

Q Est-ce que je réserve du temps pour la prise de nouveaux contacts ?

Q Est-ce que je passe trop de temps en réunions ?

DÉLÉGUER

En confiant à d'autres la réalisation de certaines tâches, vous libérez un temps précieux que vous pouvez consacrer à des activités plus valorisantes pour votre réussite. Divisez les tâches à effectuer en trois groupes : celles qui ne servent à rien et que vous pouvez abandonner ; celles que vous pouvez et que vous devez déléguer ; enfin, celles que vous seul devez assurer. Sur la base de cette répartition, renoncez aux tâches superflues, déléguez chaque fois que cela est possible et concentrez-vous sur les activités que vous vous réservez.

COMMENT DÉLÉGUER ?

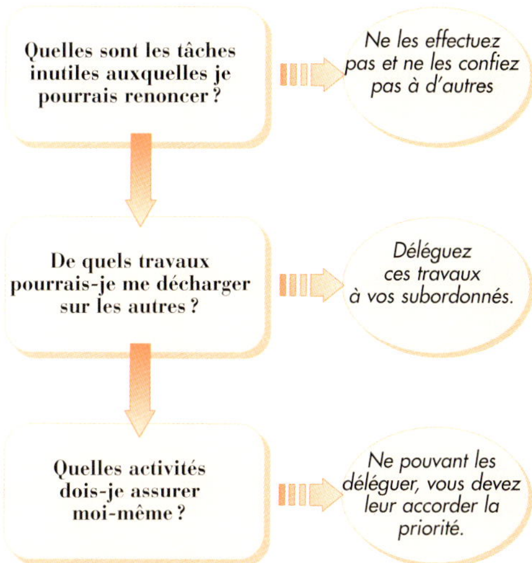

▲ **METTRE À PROFIT LES MOMENTS D'INACTION**

Ne perdez pas de temps au cours d'un long voyage. Rédigez un rapport, étudiez un document, lisez un livre ou un article. L'ordinateur portable a aboli les temps morts.

EXPLOITER LES TEMPS MORTS

Les périodes d'inactivité comme les trajets, les voyages ou les délais d'attente avant l'ouverture d'une réunion constituent autant de moments perdus. Prévoyez toujours une occupation pour combler ces temps morts. En voiture, écoutez l'enregistrement d'un compte rendu. Dans le train, consultez ou rédigez votre emploi du temps pour la journée. Et les technologies de la communication permettent désormais de garder un contact avec le bureau ou les collègues où que l'on soit.

ACCROÎTRE SA PRODUCTIVITÉ

Maintenant que vous savez comment gérer votre temps, assurez-vous que vous êtes réellement productif toute la journée. Mesurez votre performance personnelle, fixez-vous des objectifs élevés, et essayez de les atteindre.

60 Accomplissez les tâches qui vous incombent avec l'efficacité maximale.

MESURER SA PRODUCTIVITÉ

Il existe différents moyens de mesurer son rendement et son efficacité. Êtes-vous ponctuel ? Laissez-vous un bureau en ordre le soir en partant ? Analysez vos procédures de travail et demandez-vous si vous ne pouvez pas accélérer ou supprimer certaines phases. Si vous avez la possibilité de changer votre manière de procéder pour améliorer vos résultats, n'hésitez pas une seconde.

61 Réclamez le soutien de vos collègues chaque fois que vous tentez d'améliorer votre productivité.

Le manager remet son rapport après en avoir vérifié la qualité.

VÉRIFIER LA QUALITÉ DE SON TRAVAIL

Le respect de la qualité est essentiel. Quel intérêt y-a-t-il à afficher un rendement élevé, si les prestations fournies restent médiocres ? Un temps de réflexion avant de se lancer dans une tâche permet bien souvent d'éviter des erreurs. Déterminez les objectifs à atteindre, la manière dont vous procéderez et développez le mode d'exécution adéquat. Les points épineux peuvent être laissés de côté pour être traités plus tard. Cela vous permet d'avancer dans le processus global d'exécution et de ne pas prendre de retard inutilement.

◀ **FAIRE DE SON MIEUX**
Avant de rendre un travail, assurez-vous de sa qualité. Jugez-le avec sévérité et accordez-vous toujours un délai pour le relire et le réviser si nécessaire.

RECHERCHER DES AMÉLIORATIONS

Il existe une manière simple d'accroître votre rendement : concentrez-vous sur les tâches que vous assurez directement, de préférence à celles que vous avez déléguées. Fixez-vous des objectifs de productivité : si, par exemple, vous avez tendance à arriver en retard aux réunions, faites un effort pour devenir ponctuel. Analysez soigneusement votre emploi du temps, toujours dans le but de renforcer votre rendement.
Si vous vous rendez compte que votre niveau de performance baisse en milieu d'après-midi, évitez de prévoir à ce moment des activités qui mobilisent vos ressources intellectuelles.

QUESTIONS À SE POSER

Q Quelles sont mes principaux critères d'efficacité ?

Q Me suis-je fixé des objectifs d'amélioration ?

Q Est-ce que je cherche à optimiser mon rendement en limitant les efforts ?

Q Mon bureau et mes dossiers sont-ils toujours en ordre ?

Q Ai-je réellement amélioré mes performances de manière significative ?

62 Encouragez vos collaborateurs à faire de la qualité leur objectif principal

▼ AMÉLIORER SA PRODUCTIVITÉ
Un bureau vierge de tout papier et la capacité de se concentrer sur la tâche présente témoignent d'un degré de productivité élevé. Révisez régulièrement vos habitudes de travail et fixez-vous sans cesse des objectifs visant à maintenir votre niveau de performance.

SÉLECTIONNER LES PRIORITÉS

Pour gérer son temps efficacement, il faut d'abord déterminer des priorités. Il faut orienter son travail en fonction des urgences, mais surtout s'attacher à développer son expertise dans un domaine spécifique.

63 Rangez ce qui peut attendre indéfiniment dans un dossier que vous jetterez par la suite.

64 Terminez toujours une tâche avant d'aborder la suivante.

COMPARER LES PRIORITÉS

Analysez votre manière de classer les priorités. Le planificateur avisé privilégie l'avenir par rapport au passé et s'attaque en premier aux tâches difficiles. Le manager mal organisé place le passé avant l'avenir et reporte à plus tard les travaux les plus exigeants.

HIÉRARCHISER LES PRIORITÉS

Il existe quatre catégories de tâches : très importantes, importantes, utiles, sans importance. Leur priorité est également limitée dans le temps : tâches urgentes (à effectuer dans l'immédiat), assez urgentes (à exécuter à court terme), non urgentes (dont la réalisation peut attendre) et optionnelles (pour lesquelles aucun délai n'est déterminé). Le rang et l'urgence d'une tâche déterminent la place que vous lui accorderez dans votre emploi du temps. Établissez votre planning en fonction des exigences.

CLASSEMENT CORRECT | MAUVAIS CLASSEMENT

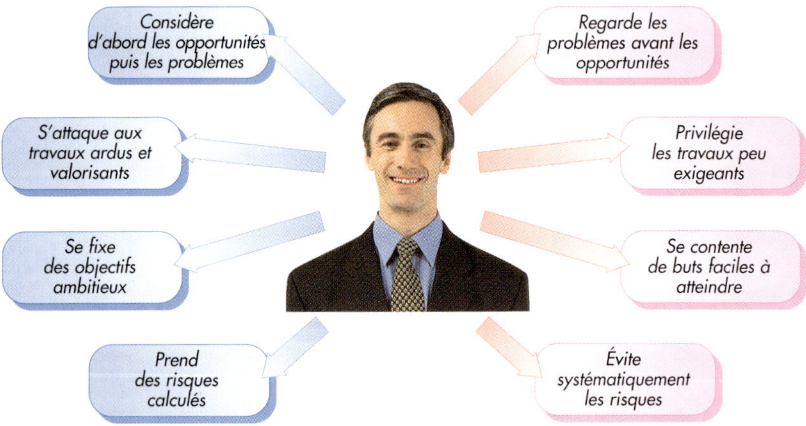

SAVOIR RESPECTER LES DÉLAIS

Évitez d'effectuer un travail au dernier moment et assurez-vous que les délais prévus sont réalistes. Vous devez mettre tout en œuvre pour ne pas dépasser la date butoir ; c'est une obligation.

Effectuez un compte à rebours en partant de la date butoir déterminée et décomposez les tâches secondaires. Si cela est possible, accordez-vous une marge de manœuvre en prévoyant un retard éventuel. Vous éviterez ainsi le stress et la pression. Si les délais vous paraissent vraiment trop justes, sollicitez une prolongation le plus vite possible. Ne causez pas de désagréable surprise aux autres en leur annonçant au dernier moment que vous n'êtes pas prêt.

◀ **ÉVITER LA PRÉCIPITATION**
Prévoyez des délais intermédiaires qui vous aideront à respecter les limites fixées. Vous pourrez ainsi travailler par étapes, sereinement, au lieu de tout bâcler à la dernière minute.

CHOISIR UNE SPÉCIALITÉ

Parmi toutes les priorités, il en existe une primordiale : déterminer un domaine dans lequel vous excellerez. Les compétences générales ouvrent certes un grand nombre de portes mais il s'avère plus rentable d'acquérir une expertise précise. Vous vous élevez ainsi au-dessus du lot et vous apparaissez comme celui ou celle dont l'avis fait autorité sur tel ou tel sujet. La maîtrise d'un domaine spécifique vous confère une position privilégiée au moment de l'élaboration de projets ou lors de discussions. Elle renforce en outre votre confiance en vous et votre créativité. Ne choisissez pas une spécialisation trop rare. Optez pour un secteur vital à l'entreprise comme, par exemple, la conception d'études de marché ou la réalisation des nouveaux projets.

65 Faites en sorte de respecter les délais qui vous sont impartis.

66 Ne misez pas sur l'ancienneté mais plutôt sur l'autorité que confère l'expertise véritable.

APPRENDRE À MANIER LES CHIFFRES

Un manager doit maîtriser l'aspect financier de son activité. Ceux qui ne possèdent pas de talents particuliers pour la comptabilité peuvent les acquérir sans difficulté majeure en s'exerçant au maniement des chiffres.

67 Gérer vos finances personnelles peut vous aider à administrer celles de votre service.

68 Exprimez vos projets en mots avant de les convertir en chiffres.

SE FAMILIARISER AVEC LES CHIFFRES

Vous apprendrez à maîtriser les compétences de base en consultant des ouvrages spécialisés ou en suivant des cours. Lorsque vous aurez acquis les principes essentiels, vous pourrez établir un budget, concevoir un projet d'entreprise, comprendre un compte de gestion, analyser un rapport financier, et vous deviendrez rapidement expert en la matière. Ne vous fiez pas aveuglement à la théorie. Le sens pratique et la rigueur constituent les meilleurs atouts d'un financier.

LES COMPÉTENCES DE BASE D'UN GESTIONNAIRE AVISÉ.
Ce manager possède diverses capacités qui l'aident à comprendre les phénomènes financiers et à en tirer les conséquences.

GÉRER LES LIQUIDITÉS

Une entreprise peut faire faillite tout en continuant à réaliser des profits. L'explication de ce phénomène réside dans ce que l'on dénomme les flux financiers. Si les factures et les salaires sont payés avant que les clients n'honorent leurs dettes, l'entreprise va perdre les liquidités dont elle dispose. Une saine gestion des flux suppose d'accélérer les encaissements, en gérant les comptes en fonction des rentrées d'argent et en réinvestissant ces fonds pour en obtenir le retour le plus élevé possible. Lorsque vous analysez des profits potentiels, tenez compte de leur répercussion sur les flux de liquidités. Ne courez pas le risque de vous lancer dans des projets que vous ne saurez comment financer.

69 Faites toujours vérifier vos estimations financières par un tiers.

70 Si vous ne parvenez pas à assimiler un concept, dites-le.

QUESTIONS À SE POSER

Q Existe-t-il une question d'ordre financier qui m'échappe ?

Q Suis-je réellement décidé à mettre tout en œuvre pour m'initier à cette activité ?

Q Les résultats que je prévois vont-il sûrement se réaliser comme je l'entends ?

Q Est-ce que je sais chiffrer avec précision les bénéfices ou les pertes de mon unité pour l'exercice en cours ?

COMPRENDRE LA COMPTABILITÉ

Tous les managers devraient connaître les principes de la comptabilité en partie double, du compte de pertes et profits et du bilan. Mais l'application doit en être laissée aux comptables. En tant que manager, intéressez-vous au compte de gestion, qui reflète en termes financiers les événements affectant l'entreprise. Au besoin, suivez une formation sur les relations entre le revenu, les coûts fixes et les coûts variables. Vous pouvez chercher à augmenter les revenus et à diminuer simultanément les coûts, c'est une formule simple mais toujours efficace.

RÉDIGER UN PROJET D'ENTREPRISE SOLIDE

Débutez par une présentation verbale et non chiffrée des résultats que vous attendez. À l'aide d'un tableur, chiffrez ensuite les données que vous obtiendrez si vous atteignez vos objectifs.
Ne vous laissez pas emporter par l'enthousiasme, vérifiez que les grandeurs affichées correspondent à la réalité.
Des nombres extravagants n'impressionneront personne.
Envisagez tous les écarts possibles par rapport à vos prévisions. Analysez enfin rationnellement les coûts que l'échec de votre projet occasionnerait.

RÉDUIRE SON NIVEAU DE STRESS

Le stress en soi n'est pas nuisible. Il peut néanmoins avoir des effets négatifs sur les personnes qui le supportent mal. Vous devez connaître vos limites et réduire votre niveau de stress dès qu'il menace la qualité de votre performance.

71 Ce n'est pas le nombre d'heures passées au bureau qui compte, mais plutôt l'efficacité du travail.

Le manager stressé ne parvient pas à se concentrer sur sa tâche.

RECONNAÎTRE LES SYMPTÔMES

Nous réagissons tous au stress de manière différente. Celui-ci se manifeste parfois sous forme de malaises physiques ; le sujet devient irritable et se sent fatigué. Son travail l'obsède, et le déséquilibre nerveux peut déboucher sur une dépression, ou d'autres phénomènes psychologiques. Guettez les signes avant-coureurs et traitez le stress avant qu'il ne vous déstabilise.

◀ **GÉRER LE STRESS**
Combattez le stress en vous faisant aider et en réorganisant votre charge de travail.

ANALYSER SA PERSONNALITÉ

Certaines catégories d'individus ont tendance, plus que les autres, à souffrir du stress et de pathologies annexes. Si vous êtes un manager ambitieux, rapide dans la pensée, dans la parole et dans l'action, enthousiaste et impatient, vous appartenez au type A, celui des personnalités à risque. Si vous êtes d'un tempérament plus calme, vous faites partie du type B et le stress vous menace moins. Les managers de type A tendent à l'égocentrisme et se mettent facilement en colère. Si c'est votre cas, modifiez votre comportement, afin de réduire les risques de stress.

72 Discutez de vos problèmes personnels avec un interlocuteur attentif.

73 Luttez contre l'anxiété en dressant la liste des événements susceptibles de se produire.

Typologie de votre personnalité

Lisez les questions suivantes. Si vous répondez par « oui » à la majorité des questions, vous appartenez au type A. Vous pouvez réduire votre niveau de stress en adoptant le comportement opposé, celui du type B. Si vous avez tendance, par exemple, à marcher vite et à manger rapidement, efforcez-vous de réduire votre rythme.

- Êtes-vous constamment sous pression pour faire les choses ?
- Avez-vous souvent l'impression que votre temps est minuté ?
- Êtes-vous toujours pressé ?
- Prenez-vous vos décisions rapidement ?
- L'oisiveté vous rend-elle impatient et enragé ?
- Est-ce que les mots se bousculent dans votre bouche ?
- Êtes-vous toujours ponctuel.
- Pensez-vous à plusieurs choses et faites-vous plusieurs choses en même temps ?
- Avez-vous des mouvements rapides, marchez-vous et mangez-vous vite ?
- Êtes-vous impatient ?
- Vous voyez-vous comme quelqu'un d'ambitieux ?
- Quelle est votre attitude au cours d'une conversation : des mouvements brusques, des signes d'impatience, les muscles du visage tendus, les poings serrés, une élocution forte et précipitée, une crispation générale de tout le corps ?

Traiter l'Anxiété

L'anxiété est une expérience fort désagréable. Elle peut naître d'une cause parfaitement compréhensible. Une fusion ou une réorganisation, par exemple, met en péril votre poste ou votre position. Or toute menace est source d'anxiété. Comment parer le danger ? Dans les cas cités, il n'existe aucune possibilité. Vous pouvez néanmoins agir sur votre sentiment d'angoisse et le calmer. Ne prêtez pas l'oreille aux bruits de couloir et concentrez-vous sur des pensées positives. Après tout, ce que vous redoutez ne va peut-être pas se matérialiser et, dans ce cas, vous vous serez rendu malade pour rien. Cherchez à identifier les raisons de votre anxiété, à les supprimer si vous le pouvez et, dans le cas contraire, à trouver un palliatif. Si vous suivez cette triple démarche, vous atténuerez votre malaise et vous finirez par vous en libérer.

74 Analysez les raisons de vos atermoiements et considérez-les sans vous chercher des excuses. Puis déterminez-vous à agir dans les délais que vous aurez définis.

S'Attaquer aux Difficultés

Il est si facile de tout remettre au lendemain ! Mais cette habitude (que nous connaissons tous) accroît doublement notre stress. On se sent tout d'abord coupable de ne pas terminer le travail commencé, ce qui accroît d'autant notre stress futur. La tendance à remettre à plus tard est en soi un signe de stress. Cela signifie que l'on redoute un risque et on réagit à cette situation pénible en reculant le moment fatal. Or cela ne fait que multiplier la période pendant laquelle on subit le stress.

UTILISER SON STRESS DE MANIÈRE POSITIVE

Une crise peut arriver sans prévenir ou mûrir pendant des mois. Elle peut toucher tous les salariés de l'entreprise ou vous être strictement personnelle. Quel que soit le cas de figure, réagissez. En fait, vous pouvez tourner à votre avantage le stress lié à l'apparition d'une crise. Il provoque une élévation du taux d'adrénaline dans le corps qui se traduit par un décuplement d'énergie. Utilisez cette énergie pour élaborer un plan d'urgence. Évaluez tout d'abord vos moyens d'action et examinez comment remédier à la crise. Puis engagez-vous avec détermination dans la lutte.

75 Considérez les défis de manière positive.

76 Trouvez des méthodes de relaxation qui vous conviennent et pratiquez-les.

▼ **GÉRER L'AFFRONTEMENT**

Lors de situations conflictuelles, il est vital de maîtriser votre niveau de stress. Plus celui-ci est élevé, plus vous vous sentirez en position de faiblesse dans la discussion. Ralentissez le rythme de votre respiration, calmez les esprits et centrez votre attention sur le but que vous voulez atteindre.

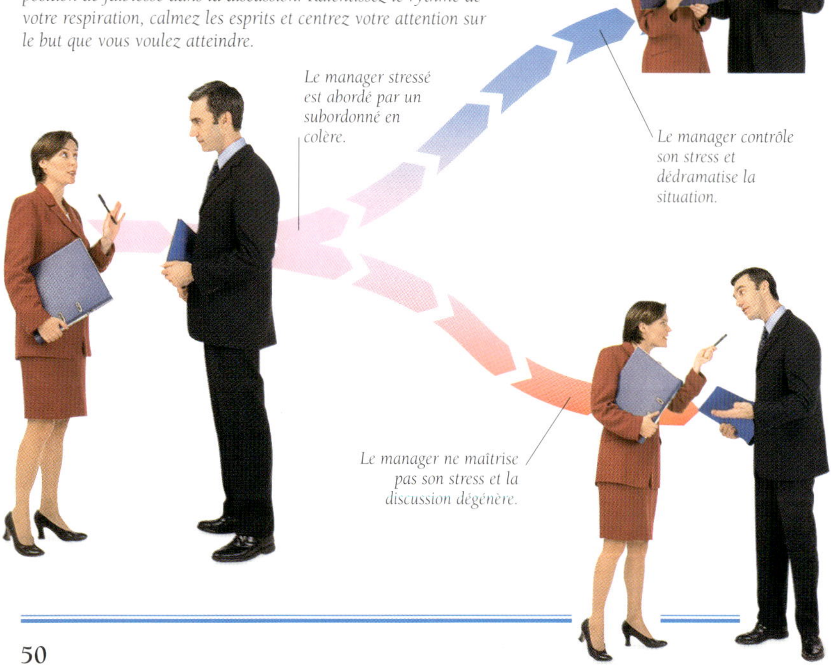

APPRENDRE À SE RELAXER

Si vous savez vous détendre, vous utiliserez vos énergies au maximum. Pourtant, rares sont les gens capables de se ménager des moments de relâchement au cours de la journée, moyen idéal pourtant pour dominer le stress. Éloignez de vous les émotions stressantes et négatives et remplacez-les par des pensées apaisantes. Vous disposez pour cela de plusieurs techniques, allant de la respiration profonde au yoga. Elles reposent toutes sur un principe commun : concentrer son esprit sur des idées non stressantes, et sur la maîtrise des émotions et du corps. Les procédés les plus efficaces sont ceux que l'on peut appliquer à toute heure et en tout lieu.

Laissez tomber la tête en arrière.

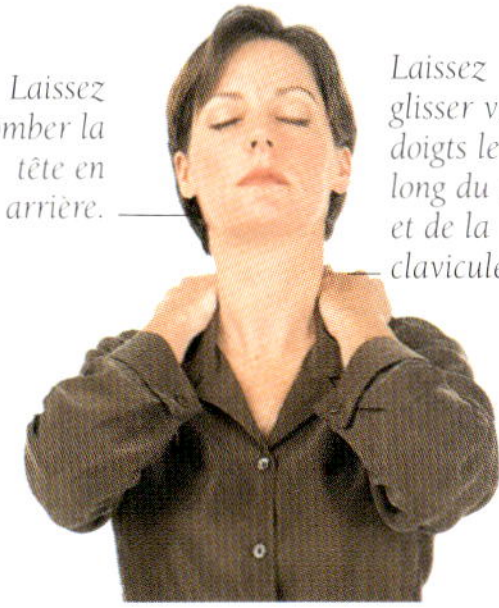

Laissez glisser vos doigts le long du cou et de la clavicule.

▲ **SE DÉCONTRACTER**
Placez vos mains sur vos épaules, soufflez, mettez la tête en arrière puis laissez glisser vos doigts le long du cou et de la clavicule. Répétez l'opération plusieurs fois.

COMMENT SE RELAXER CHEZ SOI

La relaxation est une technique facile à apprendre. Accordez-vous une période de relaxation dans votre quotidien chargé. Choisissez un endroit tranquille chez vous, posez un tapis ou une natte sur le sol, placez-y un coussin, puis allongez-vous pour commencer l'exercice.

1. Après quelques étirements, asseyez-vous ou allongez-vous dans la position la plus confortable et fermez les yeux.
2. Concentrez-vous mentalement sur une image fixe ou sur un point. Par exemple, un point situé entre et au-dessus de vos sourcils.
3. Détendez complètement vos muscles, un à un, d'abord les pieds, puis les jambes, le ventre, la poitrine, les épaules, le cou, enfin le visage. Ne contractez pas votre mâchoire, laissez la pendre au contraire.
4. Concentrez-vous sur votre souffle, en respirant profondément par le nez, répétez mentalement le mot « un » (ou un mantra si vous en connaissez) chaque fois que vous expirez.
5. Relaxez-vous totalement.
6. Si cela vous aide, écoutez de la musique en baissant le son. Laissez surgir des images évoquant des climats chauds et tentez d'imaginer que votre corps devient de plus en plus chaud et de plus en plus lourd.
7. Poursuivez ainsi pendant 10 à 20 minutes; si vous vous endormez ou si vous somnolez, cela n'a pas d'importance, vous continuez à vous relaxer.

SE RELAXER ▶
Allongez-vous dans une position confortable, placez un coussin ou un oreiller sous votre tête et relaxez complètement votre corps.

Soufflez par le nez.

Détendez vos muscles en commençant par les pieds et en remontant le long du corps.

ÉVALUER LES PROGRÈS RÉALISÉS

Pour améliorer son efficacité, il est essentiel de mesurer fréquemment et précisément les progrès réalisés. Cela implique de déterminer des critères d'évaluation concrets, qui serviront de base pour formuler de nouveaux objectifs d'amélioration.

77 N'oubliez pas d'analyser tous vos critères, afin d'en vérifier la fiabilité.

▲ **MESURER SES CRITÈRES**
Des objectifs ponctuels vous permettent d'évaluer vos performances. Par exemple, imposez vous de répondre au téléphone au bout de 5 sonneries. C'est un critère aisément mesurable.

ÉTABLIR DES CRITÈRES

Pour mesurer votre progression, il faut que vous définissiez une activité spécifique, à la réalisation de laquelle vous appliquerez le principe de la qualité totale. Vous décidez, par exemple, de mesurer les progrès concernant votre ponctualité aux réunions. Mettez en place un barême allant jusqu'au degré d'excellence de 100 %. Chaque fois que vous vous rendez à une réunion, notez systématiquement votre score en termes de ponctualité. Ce sont des faits précis de ce type qui vous aideront à progresser. Faites part de vos objectifs à vos collègues, ils sauront vous indiquer si vous respectez les normes que vous avez arrêtées.

78 N'établissez des normes de performance élevées, que si vous pouvez les respecter.

À FAIRE ET À NE PAS FAIRE

- ✔ Jugez vous impitoyablement.
- ✔ Ayez une idée précise du but à atteindre et des motivations de votre ambition.
- ✔ Partagez vos succès.
- ✔ Avouez vos échecs.

- ✘ Ne vous félicitez pas des résultats des autres.
- ✘ Ne vous endormez pas sur vos lauriers.
- ✘ Ne vous vantez pas.
- ✘ Évitez les comparaisons avec le passé

Analyser la Réussite

Il arrive que la réussite se retourne contre vous. Pour peu que vous ayez bénéficié d'une période faste et que vous jouissiez d'une confortable avance sur vos concurrents, vous avez tendance à relâcher votre effort, à vouloir profiter des résultats acquis et à vous reposer sur vos lauriers. Insidieusement, la paresse s'installe. Et c'est précisément à ce moment que vous devez analyser les composantes de votre succès. Quelle part revient à votre mérite personnel ? Par quels moyens auriez-vous pu encore améliorer vos résultats ? Comment comptez-vous renouveler cette réussite ? Votre objectif consiste désormais à vous servir de ces acquis pour continuer à progresser. Seul compte l'objectif à venir.

Analyser votre Performance

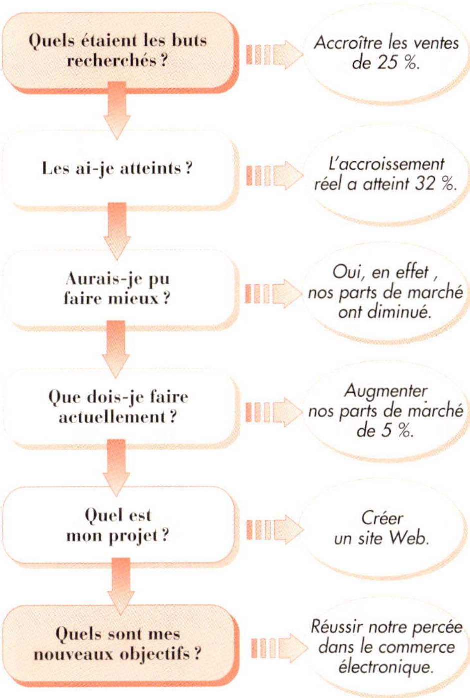

Comparer les Résultats

En gestion, il faut comparer les résultats obtenus. Mais une comparaison peut être trompeuse. Supposons que le pourcentage de ventes réalisées passe en trois exercices de 20 % à 5 % pour remonter ensuite à 15 %. Le dernier chiffre montre que les ventes ont triplé d'une année sur l'autre, mais se situent néanmoins à un quart au-dessous du niveau atteint la première année. Vérifiez donc que les chiffres qui servent de référence n'exagèrent pas ou ne démentissent pas votre réussite. À la fin de chaque trimestre, comparez les douze derniers mois avec les douze précédents.

79 Analysez les données avec le plus grand soin, afin de ne pas perdre contact avec la réalité.

ACCÉDER À LA RÉUSSITE

La réussite repose sur votre capacité à bien mener votre carrière. Saisissez toutes les occasions d'aller de l'avant et mobilisez les autres pour vous aider à progresser davantage.

RÉEXAMINER SES OBJECTIFS

L'analyse objective et méthodique de vos ambitions est une étape essentielle. Aucune situation ne demeurant stable, vous devez vous tenir prêt à réviser et à adapter vos idées. Cette démarche vous servira de base pour décider des actions à entreprendre.

80 Interrogez-vous sincèrement, mais sachez que les réponses ne sont pas toujours les bonnes.

81 Prenez toutes les critiques au sérieux avant de prendre une décision.

82 Formez votre entourage à une démarche analytique rigoureuse.

S'INTERROGER

Au moment de déterminer vos objectifs, analysez-les avec soin. Posez-vous des questions pour connaître les réponses qui vous feront avancer. Le mot-clé de votre vocabulaire sera « pouquoi », que suivra ensuite « quoi », « comment », « qui », et « quand ». Les questions introduites par « pourquoi » amènent d'autres interrogations : « Que pouvons-nous faire ? », « Comment réaliser notre objectif ? », « Qui sera chargé de la planification et de la mise en oeuvre ? », « Quand le projet démarrera-t-il ? » À toutes ces étapes surgiront de nouvelles questions. Ne laissez pas les réponses en suspens.

EXPLOITER LES RÉPONSES

L'expression « l'analyse paralyse » concerne les organisations qui passent des mois à examiner des chiffres et des rapports sans prendre de décision. Si, après avoir défini vos objectifs, vous éprouvez des réticences à passer à l'action, cherchez une explication. Peut-être l'effort en soi vous inhibe. Ou bien vous redoutez de ne plus pouvoir faire marche arrière. Vous êtes paralysé par la peur de vous engager sur une mauvaise voie et par la crainte des conséquences que cela impliquerait. Adoptez une solution destinée à vous protéger si le pire devait arriver. Si vous avez obtenu une réponse aux questions « quoi » et « comment », tirez-en les conséquences dans la mise en marche des processus ultérieurs.

83 Engagez-vous à agir le plus tôt possible.

84 Limitez le temps dévolu à la discussion, mais prévoyez de le rallonger s'il ne suffit pas.

PASSER À L'ACTION

Lorsque vous passez à l'action, deux possibilités s'offrent à vous. Vous pouvez suivre la voie que vous avez déterminée une fois pour toutes, ou bien vous tenez compte des événements qui se déroulent et vous révisez votre plan d'action en fonction d'eux. La première démarche est souvent couronnée de succès mais elle peut aussi mener à la catastrophe. La seconde, en vous incitant à remodeler votre projet en fonction de données extérieures, risque de vous faire passer à côté de votre objectif initial. Le processus idéal est en fait un combiné de ces deux approches. Si votre objectif initial vous paraît toujours réalisable, mobilisez vos efforts pour l'atteindre.

Le manager réexamine ses objectifs en fonction des suggestions.

Cette personne partage l'opinion de sa collègue.

La collègue soulève un point capital.

CHANGER DE TRAJECTOIRE
Écoutez l'avis de vos collaborateurs. Les conclusions tirées vous inciteront peut-être à modifier votre action.

TROUVER DES MENTORS

Nous avons tous croisé sur notre chemin des personnes qui ont exercé une profonde influence sur notre vie et sur notre travail. Le soutien apporté par un mentor qui possède une expérience plus variée et plus vaste que la vôtre est l'une des clés de votre réussite.

85 Ne perdez pas le contact avec ceux dont les conseils vous ont été profitables dans le passé.

APPRENDRE PAR LES AUTRES

Un mentor peut être un parent, un de vos professeurs de lycée ou d'université, votre patron ou un ami proche. Le principe est toujours le même. Vous enrichissez votre connaissance et vous accroissez votre performance en l'écoutant et en apprenant de lui. Vous pouvez fort bien choisir des personnalités qui ne sont plus en vie ; plusieurs de nos dirigeants ont repris les idées émises par certains de leurs illustres prédécesseurs aujourd'hui disparus. Toutefois, les modèles du passé ne peuvent remplacer complètement des conseillers en chair et en os, qui prêtent une oreille attentive à vos difficultés, à vos espoirs, et qui y réagissent.

86 Inspirez-vous d'ouvrages sur les managers célèbres ou écrits par eux-mêmes.

ÉVALUER LES QUALITÉS DE VOTRE MENTOR

Un mentor doit posséder plusieurs qualités fondamentales. Il ou elle est à l'écoute de vos difficultés et de vos espoirs et prend position par rapport à eux. Un réel climat de confiance s'installe entre vous.

TROUVER DES ALLIÉS

Le choix d'un mentor constitue une étape décisive. Ce n'est pas nécessairement un collègue ou un supérieur. Rien ne vous empêche de solliciter l'aide d'un de vos subordonnés. Il a pour rôle essentiel de vous faire bénéficier de talents et de ressources que vous ne possédez pas. Au cours de votre carrière, vous aurez vraisemblablement plusieurs mentors successifs, certains pour toute la durée de votre voyage, d'autres pour moins longtemps. Préférez toujours une personne que vous appréciez.

CHOIX MALHEUREUX

CHOIX IDÉAL

CHOISIR SON MENTOR ▶
Vous devez travaillez en étroite collaboration avec une personne qui connaît parfaitement vos faiblesses et qui vous apportera un avis objectif.

PRENDRE SON PATRON EN EXEMPLE

Un bon patron est un excellent mentor, dont l'exemple et l'enseignement vous guideront tout au long de votre carrière. Même si le temps lui manque pour se consacrer à une véritable activité de tutorat, il saura vous transmettre ses connaissances et vous servira de modèle. Observez son action, afin d'en retirer des leçons. La plupart du temps, ce qu'il vous apprend relève plus de quelque chose d'impalpable que l'on nomme le style ou l'instinct, que de règles et de savoir-faire rigoureux. Mais c'est précisément cela qui crée toute la différence. Considérez-le comme l'arbitre de vos idées et de vos ambitions.

87 Recherchez un partenaire qui vous apporte une dimension supplémentaire.

88 Osez aborder les autres pour solliciter leur conseil.

CULTIVER LES CONTACTS

La réussite ou l'échec ne dépendent pas de ce que vous connaissez mais de ceux que vous connaissez. Votre carnet d'adresses est l'un de vos plus précieux outils et prendra de plus en plus de valeur avec le temps.

89 Liez vous d'amitié avec des gens qui travaillent dans d'autres entreprises.

90 Organisez des rencontres avec vos contacts professionnels hors travail.

91 Renforcez les contacts en tête à tête par le biais du téléphone ou de l'e-mail.

SE SOUVENIR DES PERSONNES RENCONTRÉES

Un contact dont vous ne conservez pas le souvenir a perdu toute sa valeur. Tentez de mémoriser le nom de la personne que vous rencontrez. Cherchez à obtenir d'autres informations la concernant et enregistrez-les (l'ordinateur offre le moyen idéal). Prenez chaque contact au sérieux.

GARDER UNE TRACE DES CONTACTS PRIS

Les personnes qui réussissent notent par écrit le nom de toutes les personnes utiles ou potentiellement utiles qu'ils rencontrent et mettent régulièrement à jour leur agenda. L'ordinateur facilite les opérations de mise à jour et de sauvegarde, toutefois conservez toujours une trace écrite, car la perte d'un organiser ou d'un carnet d'adresses peut avoir des conséquences dramatiques. Enregistrez ces données sous plusieurs entrées.

Le manager rencontre une personne qu'il ne connaît pas. Il lui remet sa carte de visite.

▲ **ÉTABLIR DE NOUVEAUX CONTACTS**
Lorsque vous rencontrez une personne, prononcez son nom aussi souvent que possible au cours de l'entretien ; c'est le meilleur moyen de le mémoriser. Échangez vos cartes de visite. Posez quelques questions pour essayer de la « situer » peut se révéler intéressant un jour ou l'autre.

92 **Montrez-vous disponible chaque fois que l'on réclame votre aide.**

Le collègue rend la politesse en aidant le manager à sortir d'une situation difficile.

Le manager recommande la personne qu'il vient de rencontrer à un collègue qui cherche de l'aide.

GARDER LE CONTACT

Une partie des rencontres les plus fructueuses s'effectuent dans le cadre du travail, surtout lorsque vous êtes intégré à une équipe. Les équipes dépassent parfois le cadre de l'entreprise. Vous apprendrez beaucoup de vos co-équipiers. Le fait de travailler en vase clos vous renseignera sur les forces et les faiblesses de chacun. Pour que cette collaboration soit fructueuse et durable, faites passer la réussite de l'équipe avant la vôtre. Enfin, gagnez le respect des gens qui vous entourent en sollicitant leur avis sur vos performances et en tenant compte de leurs suggestions. N'hésitez pas à exprimer clairement ce que vous pensez. Critiquez lorsqu'il le faut, mais sachez aussi féliciter, et gardez le contact avec ceux que vous estimez.

93 **Considérez votre équipe comme un groupe de collègues étroitement soudés et gardez ce type de relation par la suite.**

SOUDER L'ÉQUIPE

Charles savait, qu'ensemble, les membres de son équipe étaient puissants et pouvaient accomplir de grandes choses. Grâce aux relations qu'il entretenait avec de nombreux professionnels du même secteur, il réussit à vendre les qualités de son équipe à un nouvel employeur. Cela rendit service à l'équipe mais aussi à l'employeur et contribua à établir la réputation de Charles en tant que leader.

ÉTUDE DE CAS

Charles a eu la chance, au début de sa carrière, de diriger une équipe composée de jeunes managers talentueux, spécialisés dans l'analyse statistique de problèmes pointus. Un changement survenu dans l'organisation compromit l'avenir de cette équipe. Ses membres étaient prêts à démissionner. C'est alors que Charles comprit qu'il ne retrouverait sans doute plus jamais un groupe de cette qualité. Il persuada ses collègues de proposer leurs services, tous ensemble, à une autre entreprise. De cette façon, l'équipe demeurerait unie. Un fabricant qui affrontait d'énormes difficultés l'embaucha. Charles continua à la diriger chez ce nouvel employeur. Puis il décida avec deux autres membres de quitter l'entreprise pour fonder sa propre structure dans un secteur en plein essor, où ils firent fortune.

S'AFFIRMER COMME LEADER

Plus vous démontrerez et exercerez des qualités de leader, plus vous aurez de chances de réussir. Lancez-vous et saisissez toutes les occasions de développer vos aptitudes au leadership. Votre expérience vous guidera vers l'avenir.

94 Choisissez le moment opportun pour prendre la direction et vous affirmer ensuite comme leader.

95 Imposez votre autorité aux autres dès le début.

96 Ne jouez pas un rôle si vous ne le dominez pas parfaitement.

SAISIR TOUTES LES OCCASIONS

N'attendez pas que l'on vous offre le poste de directeur général pour démontrer vos qualités de leadership. À différents moments de votre carrière, on vous proposera d'intégrer un groupe de travail ou une équipe, ou bien d'assumer la direction d'un projet particulier, occasion de faire vos preuves en avançant des idées inédites ou en défendant avec talent un point de vue controversé.

▼ PRENDRE L'INITIATIVE

Acceptez les rôles de leader et les responsabilités. Vous y gagnerez une expérience incomparable. Ceux qui hésitent ou qui manquent d'enthousiasme ne progresseront pas.

S'EXPRIMER LIBREMENT

Si vous avez une idée géniale, ayez le courage de vos opinions et utilisez votre force de conviction pour faire accepter votre projet, le mettre en œuvre jusqu'à la réussite finale. Au pire votre suggestion sera refusée. Si vous voulez garantir vos chances de succès, choisissez le moment opportun pour dévoiler votre projet et testez-le en l'analysant vous-même ou en le soumettant à des collègues dont vous appréciez le jugement.

97 Ne changez pas d'opinion, uniquement parce que vous avez peur de vous singulariser.

ACQUISITION DES COMPÉTENCES DE LEADERSHIP

LES MOYENS	LES QUALITÉS DE LEADER
INTÉGER UN GROUPE DE TRAVAL Groupe généralement constitué pour traiter un problème spécifique.	• Permet d'acquérir l'expérience de la conduite d'une équipe et d'apprendre à respecter les délais. • Impose d'adhérer à la tâche à accomplir, de la conception à la réalisation.
REJOINDRE UNE ÉQUIPE DE PROJET Des talents divers se rassemblent pour des projets ambitieux.	• Met en contact avec d'autres disciplines et d'autres fonctions. • Élargit la gamme des capacités de chacun.
SOLLICITER UNE PROMOTION Un salaire plus important peut motiver les autres.	• Offre la chance d'apporter une vision nouvelle sur son travail. • Fournit la possibilité d'aborder un rôle et des processus nouveaux sous une autre perspective.
PROMOUVOIR LE CHANGEMENT Proposer aux individus et aux équipes des moyens d'amélioration.	• Toute incitation au changement offre à son initiateur l'occasion de concevoir et de conduire les projets liés au changement. • Encourage l'initiative et la force de persuasion.
DIRIGER UNE SOUS-UNITÉ Être responsable des profits que l'on crée soi-même.	• Relever le défi qui consiste à atteindre les objectifs que l'on a soi-même fixés. • Par rapport à un objectif adéquat, permet de démontrer ses qualités de leader aux yeux de tous.
RÉSOUDRE UNE CRISE Prendre les décisions dans une situation qui appelle une action d'urgence.	• La nécessité pressante fait sauter les barrières qui empêchaient l'autorité de s'exprimer. • Stimule l'aptitude à prendre des décisions rapides et courageuses.

EXERCER UN ASCENDANT SUR LES AUTRES

Le don de gagner les autres à son point de vue, à ses idées et à ses projets est un facteur primordial de réussite. Votre avis ne prévaudra pas toujours, mais il est toujours possible de trouver un compromis satisfaisant pour tous.

98 Expliquez clairement votre position sans pour autant dénigrer la partie adverse.

DIFFÉRENCES CULTURELLES

Les Japonais se déplacent en nombre et se retirent en groupes restreints pour débattre avant de donner leur réponse. Les Américains se font accompagner de leurs avocats et se montrent très respectueux des obligations contractuelles. Les Allemands accordent une importance considérable à l'aspect relationnel et attendent de leurs partenaires qu'ils honorent leurs promesses avec sérieux.

CONVAINCRE

Pour qu'un débat trouve une issue positive, il faut avant tout que vous soyez convaincu de la justesse de votre point de vue. Construisez votre argumentation sur des bases solides et rationnelles. Même si la passion ajoute du piquant à la discussion, ne vous laissez pas emporter par vos émotions. Conservez la tête froide pour mener le débat à son terme. Si vos partenaires commencent à s'échauffer, efforcez-vous de calmer les ardeurs. Gardez votre objectif en point de mire, mais faites preuve de souplesse et accordez des concessions quand la diplomatie l'exige. Avant toute chose, tentez de persuader les autres que votre décision est également la leur.

NÉGOCIER POUR GAGNER

Entamez toujours une négociation en ayant une idée claire de ce que vous pouvez obtenir au maximum, en espérant que vous réaliserez le résultat que vous attendez, en fixant un seuil en-deçà duquel vous n'accepterez pas de transiger. Comme vous l'avez certainement constaté, les intentions et les objectifs évoluent au gré de la discussion. Pour vous aider à vous situer, encouragez votre interlocuteur à émettre ses propositions le premier. Ainsi, vous pouvez accepter ou vous montrer plus exigeant. Si vous devez abattre vos cartes avant lui, restez ferme sur vos conditions.

POINTS À RETENIR

- Soyez prêt à changer de tactique pour parvenir à un accord.
- Considérez votre interlocuteur comme un partenaire au lieu de voir en lui un ennemi à vaincre.
- Évitez les paroles ou les actes irréparables.
- Gardez en réserve des arguments que vous pourrez faire valoir en cas de nécessité.

Comment Mener Différents Types de Négociations

Type de Négociation	Méthodes à Appliquer
Réduire un Différend Réunion de médiation.	• Chercher à gagner la confiance des deux adversaires. • Établir un exposé détaillé des faits. • Ramener l'ordre et le calme dans la discussion.
Instaurer un Partenariat Créer une relation de collaboration.	• Rappeler les points essentiels dans les courriers. • Faire intervenir l'élément juridique dans les accords uniquement en cas de nécessité. • Prévoir des clauses échappatoires équitables.
Signer un Contrat Officialiser une relation commerciale.	• Éviter d'imposer à l'autre des exigences trop lourdes. • Examiner soigneusement tous les termes du contrat. • S'assurer que les deux parties négocient de bonne foi.
Fixer un Prix Décider d'un paiement unique au lieu de paiements échelonnés.	• Ne pas abuser de sa situation, lorsque l'on est en position de force. • Tenter d'imposer le prix le plus élevé possible. • Ménager à chaque partie un profit.
Négociation avec un Salarié Débattre des conditions de rémunération en tête à tête.	• Préparer des arguments de choix avant l'entrevue. • S'attendre à des comparaisons avec les autres salariés ou avec d'autres entreprises. • Bien accueillir les demandes raisonnables.
Négociation Collective Discussion sur les salaires ou sur d'autres questions avec les représentants syndicaux.	• Désamorcer l'animosité ou la méfiance. • Se montrer à la fois ferme mais compréhensif et favorable au dialogue. • Ne pas occulter les revendications des salariés.

99 Proposez une pause dès que la discussion s'emballe ou qu'elle vous échappe trop.

Accepter un Compromis

Lorsque votre proposition et celle de votre vis-à-vis paraissent inconciliables, cherchez un domaine voisin où vous êtes susceptible de vous entendre. Si vous parvenez à un accord sur ce nouveau terrain, reprenez le débat principal, ou utilisez l'accord conclu comme instrument de compromis. Dans le cas idéal, à l'issue de la négociation, les deux parties se déclarent pleinement satisfaites du résultat et estiment qu'il ne saurait être meilleur.

PRÉVOIR ET PLANIFIER

Les individus qui planifient leur carrière bénéficient d'une plus grande réussite que ceux qui s'en remettent simplement au hasard. Lorsque l'ambition l'exige, les salariés n'hésitent plus à changer d'employeur, ou à fonder leur entreprise.

100 Planifiez votre carrière ; vous aurez toutes les chances d'atteindre votre but.

REGARDER VERS L'AVENIR

Les hommes et les organisations multiplient leurs chances de réussite en planifiant exactement leur trajectoire. La durée choisie s'étend généralement sur douze mois. Adoptez et rédigez un programme détaillé sur douze mois ; cela vous aidera à mobiliser votre attention sur le résultat et à évaluer votre progression étape par étape. Si vous estimez que les décisions prises au cours de cette période de douze mois ne vous rapprochent pas de votre but ; révisez votre stratégie.

◄ DRESSER LA LISTE DE SES OBJECTIFS
Prenez l'excellente habitude de noter chaque année les objectifs auxquels vous voulez parvenir dans les douze mois. Cet exercice vous obligera à réfléchir à vos ambitions et à vos possibilités.

CHANGER DE POSTE

Si vous désirez progresser dans votre carrière, il sera indispensable que vous changiez une ou plusieurs fois de poste, et/ou de vous expatrier. La mobilité, autrefois considérée comme une marque d'instabilité, devient maintenant un atout. Le changement s'accompagne en général d'une rémunération plus attrayante et d'avantages substantiels. Cependant, l'aspect financier ne constitue pas toujours le principal motif de changement. L'intérêt du poste et le défi qu'il représente jouent un rôle tout aussi important dans la décision de partir.

101 Si vous ne parvenez pas à réaliser votre objectif, revoyez votre stratégie.

VISER HAUT

Tout manager conscient de ses capacités vise à atteindre le haut de l'échelle, autrement dit de devenir PDG d'une grande entreprise, mais il y a peu d'élus. Les personnalités les plus douées se préparent longtemps à l'avance pour accéder à cette position convoitée. Même si vous n'atteignez pas ce summum, vous trouverez au cours de votre carrière bien d'autres possibilités de démontrer vos qualités de leadership. Sachez avant toute chose que vous avez besoin pour réussir des compétences des autres. Devenez un véritable gestionnaire des ressources humaines et un meneur d'hommes. Communiquez à vos collaborateurs votre passion et votre vision de l'avenir.

QUESTIONS À SE POSER

Q Est-ce le moment de réorienter ma carrière ?

Q Quel poste me permettrait de rassembler l'expérience la plus large et constitue pour moi le défi le plus élevé ?

Q Que puis-je entreprendre pour progresser ?

Q Où voudrais-je être dans cinq ans ?

Q Comment m'y prendre pour arriver à cet objectif ?

PRENDRE SON INDÉPENDANCE

Certains salariés sont contraints à l'indépendance à la suite d'un licenciement. Les organisations qui « dégraissent » ou les entreprises virtuelles sous-traitent une partie de leurs activités à d'anciens cadres ou à des spécialistes qui travaillent sous le statut de collaborateur indépendant. D'autres salariés quittent leur employeur volontairement. Ils investissent un créneau qu'ils ont décelé alors qu'ils travaillaient dans l'entreprise et montent leur propre structure. Avant de vous lancer dans l'aventure que représente une activité libérale, sachez que ce type de travail comporte d'autres contraintes que celles du salariat, que votre vie sera probablement moins confortable, plus solitaire, plus incertaine que dans le cadre d'une entreprise.

▲ **CRÉER SA PROPRE ENTREPRISE**
Devenir son propre chef est à la fois exigeant et exaltant. L'avènement de l'e-mail et de d'Internet offre à de plus en plus de gens la possibilité de travailler chez eux.

ÉVALUER SES CAPACITÉS

Chercher à atteindre l'excellence représente un défi permanent et une chance. Le questionnaire suivant vous aidera à évaluer vos points forts et vos faiblesses, et à déterminer sur quel domaine vous devez concentrer votre effort pour devenir plus performant. Si vous choisissez la réponse « jamais », cochez la case 1. Si votre réponse est « toujours », cochez la case 4, etc. Additionnez vos scores puis reportez-vous à l'analyse de la page 69. Répondre le plus honnêtement possible est un bon début pour progresser.

OPTIONS

1 Jamais

2 Parfois

3 Souvent

4 Toujours

1 J'évalue méthodiquement mes capacités et je vérifie si je les exploite à leur maximum.

1 2 3 4

2 J'ai établi un plan de carrière à long terme et le révise en fonction des nécessités.

1 2 3 4

3 J'effectue sans erreur mes tâches habituelles et aborde les nouvelles avec assurance.

1 2 3 4

4 J'étudie avec attention toutes les occasions sans craindre les risques.

1 2 3 4

5 Je mobilise mes ressources mentales et mes capacités pour progresser.

1 2 3 4

6 Mes collaborateurs et mes subordonnés m'apportent toute l'aide dont j'ai besoin.

1 2 3 4

7 Je fais de l'exercice pour rester en forme et ne pas dépasser mon poids idéal.

1 2 3 4

8 Je me nourris sainement, je dors suffisamment et j'évite les horaires de travail trop chargés.

1 2 3 4

9 Je veux parvenir à l'excellence et travaille mes compétences les plus faibles.

1 2 3 4

10 Je cherche à gagner en surpassant mes adversaires dans tous les domaines clés.

1 2 3 4

11 Je consacre une partie de mon temps à me former et à enrichir mes connaissances.

1 2 3 4

12 Je recours à des techniques mentales spécifiques pour réfléchir plus efficacement.

1 2 3 4

13 Ma mémoire ne me trahit jamais, je me souviens de ce qui m'est nécessaire.

1 2 3 4

14 Je m'entraîne à la technique de la lecture rapide et intelligente.

1 2 3 4

15 Je demande une critique de mes prestations écrites et orales et tiens compte des remarques.

1 2 3 4

16 J'aime parler en public et saisis toutes les occasions de m'exprimer devant un auditoire.

1 2 3 4

17 Je recherche les idées chez les autres et m'efforce d'en trouver par moi-même.

1 2 3 4

18 Je gère mon temps avec rigueur et fais mon possible pour ne pas le gaspiller.

1 2 3 4

19 Je mesure ma productivité en fonction d'un système d'évaluation que j'ai défini.

1 2 3 4

20 J'établis des priorités et organise mon travail autour d'elles.

1 2 3 4

21 J'aborde mes activités avec la précision d'un comptable et d'un homme de finances.

1 2 3 4

22 Je combats énergiquement les états négatifs comme l'anxiété, la culpabilité…

1 2 3 4

23 J'ai trouvé plusieurs moyens de me relaxer, que je mets en pratique le plus souvent possible.

1 2 3 4

24 Je considère le succès comme une étape dans ma quête de l'accomplissement.

1 2 3 4

25 Je prends le temps d'étudier les problèmes mais je sais aussi passer à l'action.

1 2 3 4

26 Dans mon travail ou dans ma vie personnelle, je demande volontiers conseil.

1 2 3 4

27 Je conserve la liste de mes contacts utiles et l'utilise comme un outil privilégié.

1 2 3 4

28 Je suis toujours volontaire pour diriger un groupe ou une équipe.

1 2 3 4

29 Je prépare les négociations avec soin et les conduis à l'aide de techniques éprouvées.

1 2 3 4

30 Je communique facilement et utilise pour ce faire toutes les ressources offertes.

1 2 3 4

31 Je note mes objectifs de carrière par écrit et je mesure le rythme de ma progression.

1 2 3 4

32 Je fais tout pour supprimer les obstacles m'empêchant d'atteindre l'excellence.

1 2 3 4

RÉSULTATS

Après avoir répondu à ce questionnaire, additionnez vos points et vérifiez vos performances d'après le total obtenu.

De **32 à 63** points : Il vous reste encore du chemin à parcourir avant de parvenir à l'excellence. Ne vous donnez pas de fausses excuses ; affrontez les réalités de la vie professionnelle. Vous pouvez faire beaucoup mieux, seule la volonté vous manque. Lancez-vous dans l'action pour progresser.

De **64 à 95** points : Vous exploitez déjà bien votre potentiel. Ce questionnaire vous servira à faire le point et à déterminer les domaines susceptibles d'être améliorés. Encore un petit effort, la réussite n'est plus très loin.

De **96 à 128** points : Vous êtes dynamique et efficace. Mais vous devez encore vous surpasser. Votre confiance en vous constitue un facteur de réussite capital. Continuez, vous êtes sur la voie de l'excellence.

INDEX

L

M

N

O

P

Q

R

S

T

U

V

Y

TITRES DISPONIBLES

Créer son CV
Diriger efficacement
Diriger une Équipe
Gérer le Changement
Gérer son Temps
Organiser une Réunion
Parler en Public
Prendre des Décisions
Savoir Communiquer
Savoir Déléguer
Savoir Manager
Savoir Motiver
Savoir Négocier
Techniques d'Entretien
Vaincre le Stress
Vendre avec Succès

Sommité dans le monde du management international, Robert Heller est le fondateur du plus grand magazine de management en Grande-Bretagne : Management Today. *Il est très demandé comme conférencier en Europe, en Amérique du Nord et du Sud et en Extrême Orient. En tant que directeur de la publication du* Haymarket Publishing Group, *il est responsable du lancement, en Grande-Bretagne, de plusieurs magazines couronnés de succès comme* Campaign, Computing *et* Accountancy Age. *Ses nombreux ouvrages, unanimement salués par la critique, sont des best-sellers mondiaux, dont voici les titres :* The Naked Manager, Culture Shock, The Age of the Common Millionaire, The Way to Win *(en collaboration avec Will Carling),* The Complete Guide to Modern Management *et, le plus récent,* In Search of European Excellence.

Photographies

Code : h *haut* ; b *bas* ; c *centre* ; d *droite* ; g *gauche*
Allsport John Cameron/APL/AllsportUSA 14 ; Powerstock/ZEFA 18, 21, John Lawrence 37 ;
Telegraph Colour Library B & M Productions 24 ;
Tony Stone Images Bruce Ayres 41, John Blaustein 65, Donovan Reese 4, couverture hg ; Elizabeth Whiting Associates 12.